フランス現代史

小田中直樹
Naoki Odanaka

JN149451

岩波新書
1751

目　次

26　ドローム／ヴァランス
27　ユール／エヴルー
28　ユール=エ=ロワール／シャルトル
29　フィニステール／カンペール
30　ガール／ニーム
31　オート=ガロンヌ／トゥルーズ
32　ジェール／オーシュ
33　ジロンド／ボルドー
34　エロー／モンペリエ
35　イル=エ=ヴィレヌ／レンヌ
36　アンドル／シャトールー
37　アンドル=エ=ロワール／トゥール
38　イゼール／グルノーブル
39　ジュラ／ロン=ル=ソニエ
40　ランド／モン=ド=マルサン
41　ロワール=エ=シェール／ブロワ
42　ロワール／サン=テティエンヌ
43　オート=ロワール／ル=ピュイ=アン=ヴレー
44　ロワール=アトランティーク(旧ロワール=アンフェリユール)／ナント
45　ロワレ／オルレアン
46　ロット／カオール
47　ロット=エ=ガロンヌ／アジャン
48　ロゼール／マンド
49　メーヌ=エ=ロワール／アンジェ
50　マンシュ／サン=ロ
51　マルヌ／シャロン=アン=シャンパーニュ
52　オート=マルヌ／ショーモン
53　マイエンヌ／ラヴァル
54　ムルト=エ=モーゼル(旧ムルト)／ナンシー
55　ムーズ／バール=ル=デュク
56　モルビアン／ヴァンヌ
57　モーゼル／メス
58　ニエーヴル／ヌヴェール
59　ノール／リール
60　オワズ／ボーヴェ
61　オルヌ／アランソン
62　パ=ド=カレ／アラス
63　ピュイ=ド=ドーム／クレルモン=フェラン
64　ピレネー=ザトランティーク(旧バス=ピレネー)／ポー
65　オート=ピレネー／タルブ
66　ピレネー=ゾリアンタル／ペルピニャン
67　バ=ラン／ストラスブール
68　オ=ラン／コルマール
69　ローヌ／リヨン
70　オート=ソーヌ／ヴズル
71　ソーヌ=エ=ロワール／マコン
72　サルト／ル=マン
73　サヴォワ／シャンベリー
74　オート=サヴォワ／アヌシー
75　パリ(旧セーヌ)／パリ
76　セーヌ=マリティーム(旧セーヌ=アンフェリユール)／ルーアン
77　セーヌ=エ=マルヌ／ムラン
78　イヴリヌ(旧セーヌ=エ=オワズ)／ヴェルサイユ
79　ドゥー=セーヴル／ニオール
80　ソンム／アミアン
81　タルン／アルビ
82　タルン=エ=ガロンヌ／モントーバン
83　ヴァール／トゥーロン
84　ヴォクリューズ／アヴィニョン
85　ヴァンデ／ラ=ロシュ=シュール=ヨン
86　ヴィエンヌ／ポワティエ
87　オート=ヴィエンヌ／リモージュ
88　ヴォージュ／エピナル
89　ヨンヌ／オセール
90　ベルフォール／ベルフォール
91　エソンヌ(旧セーヌ=エ=オワズ)／エヴリー
92　オ=ド=セーヌ(旧セーヌ)／ナンテール
93　セーヌ=サン=ドニ(旧セーヌ)／ボビニー
94　ヴァル=ド=マルヌ(旧セーヌ)／クレテイユ
95　ヴァル=ドワズ(旧セーヌ=エ=オワズ)／ポントワーズ

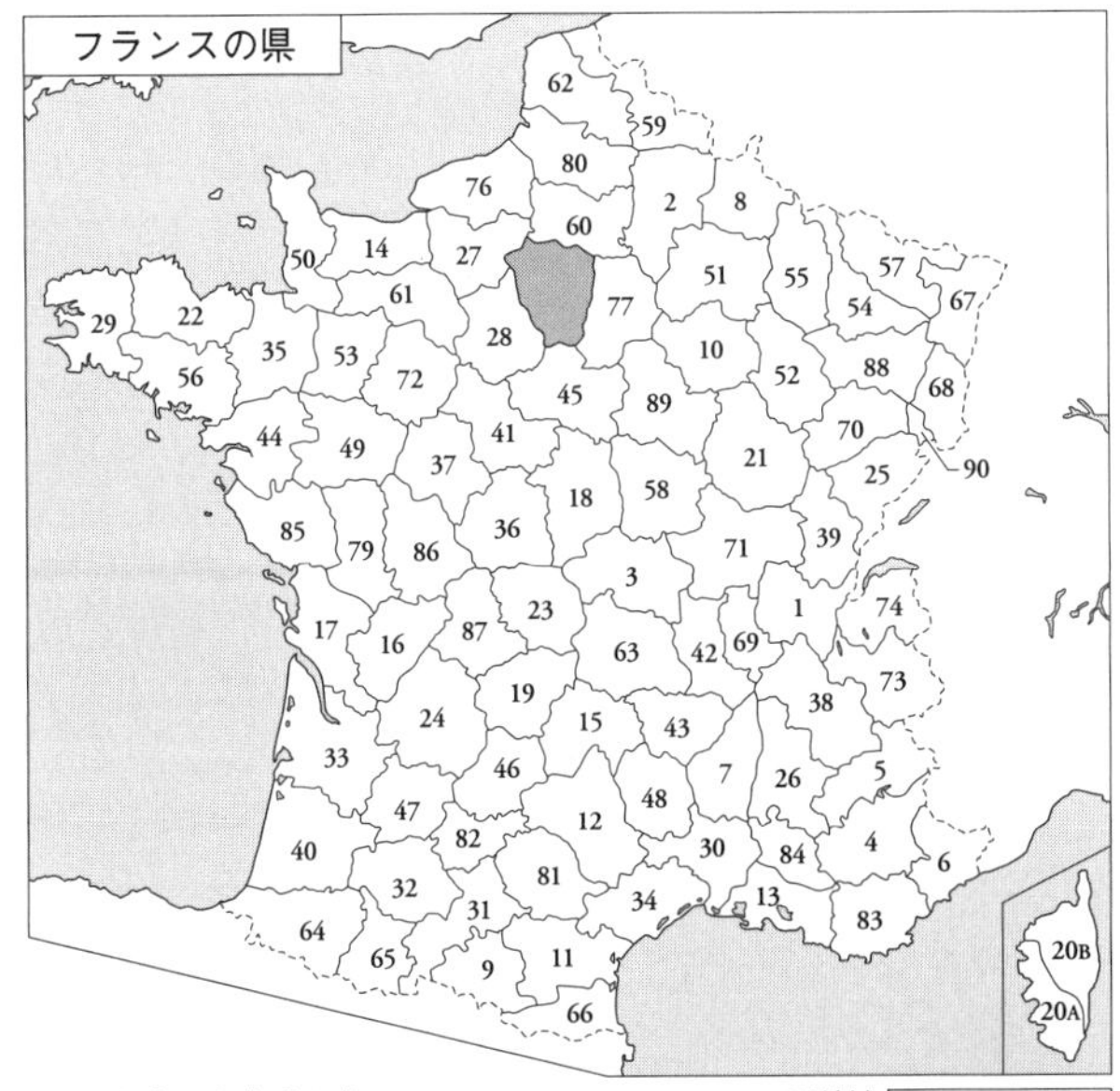

県と県庁所在都市

＊番号は，フランスで現在使われている県番号

パリ地域

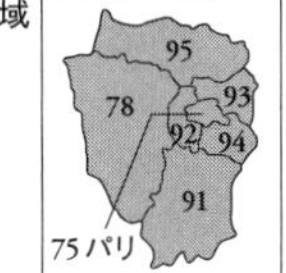

1　アン／ブル=カン=ブレス
2　エーヌ／ラン
3　アリエ／ムーラン
4　アルプ=ド=オート=プロヴァンス（旧バス=ザルプ）／ディーニュ
5　オート=ザルプ／ガップ
6　アルプ=マリティーム／ニース
7　アルデシュ／プリヴァ
8　アルデンヌ／シャルルヴィル=メジエール
9　アリエジュ／フォワ
10　オーブ／トロワ
11　オード／カルカソンヌ
12　アヴェロン／ロデズ
13　ブシュ=デュ=ローヌ／マルセイユ
14　カルヴァドス／カーン
15　カンタル／オーリヤック
16　シャラント／アングレーム
17　シャラント=マリティーム（旧シャラント=アンフェリユール）／ラ=ロシェル
18　シェール／ブールジュ
19　コレーズ／チュル
20A　コルス=デュ=シュド（旧コルス）／アジャクシオ
20B　オート=コルス（旧コルス）／バスティア
21　コート=ドール／ディジョン
22　コート=ダルモール（旧コート=デュ=ノール）／サン=ブリユー
23　クルーズ／ゲレ
24　ドルドーニュ／ペリグー
25　ドゥー／ブザンソン

序章　分裂と統合の弁証法

1　「モデル」から「先行者」へ

本書の課題は、第二次世界大戦以後を「現代」と呼んだうえで、今日に至るフランス現代史を、一〇年単位で概説することにある。その際、現代フランスの最大の特徴は「分裂と統合の弁証法」にあると考え、この点に着目して時間の流れを追うことにしたい。

しかし、なぜ、いま、フランス現代史なのか。

そして、それにしても「分裂と統合の弁証法」とはなにか。

日仏の現在

二一世紀の日本において、フランスはいかなる存在としてあるのか。

経済協力開発機構（OECD）が公表しているデータ（日本は二〇一七年、フランスは一五年）にもとづき、いくつかの点について両国を比較してみよう。

経済の領域についてみると、ともに一人あたり国内総生産（GDP）は約四万ドル、平均収入は約四万ドル、平均寿命はほぼ八〇歳など、国の「豊かさ」を表す指標はほぼ同じ値であり、また高い水準を達成している。両国は、いわゆる先進国に属しているといってよい。

実際にフランスを訪れてみると、ひとによって異なるかもしれないが、「違う」というよりは「似ている」という印象を受けるほうが多いだろう。たとえばスーパーマーケットに入ると、品ぞろえや雰囲気など、わたしたちにとってなじみぶかい空間が広がっている。陳列棚に並べられている商品の価格も、ユーロと円のレートによって変化はあるが、ものすごく高いとか安いとかいった感じはしないはずだ。

これに対して社会の領域では、両国の違いが目立つ。失業率は、日本が約三％なのに対して、フランスは一〇％をこえている。また、当該年度の移民受入れ数は、人口が倍近い日本（約六万人）は、フランス（約二五万人）の四分の一にすぎない。今日の先進国では、失業とりわけ若者の失業や、大量の移民は、しばしば社会問題をひきおこし、それを含めて、その是非や解決策のありかたが重要な政治的争点となることが多い。その意味では、日本のほうが安定した社会を実現しているといえるかもしれない。

実際、一九七〇年代の石油危機以降、フランス経済は長期の衰退過程に入るが、それは何よりも大量失業、とりわけ若者の就職の困難として発現した。そして、ここから生じた人びとの不満は、多くは、職を奪う存在とイメージされた移民や移民子弟（なお本書では、移民の若者を移民子弟、そのうちフランス国籍をもつものを移民二世と呼ぶ）にむけられ、排外主義的な主張を声高に叫ぶ国民戦線（Front National、二〇一八年六月に国民連合 Rassemblement National と改称）など政治勢力の支持基盤を構成した。さらに、この事態に反発する一部の移民は、九〇年代から不安定化する中近東・北アフリカの政治情勢と共鳴し、パリをはじめとするフランス各地でテロリズムに走り、今日に至っている。

このような状況において、わたしたちがフランスから学ぶべきことや学びうることは、なにか存在するのだろうか。経済の領域では、ほとんど同じパフォーマンスを実現しており、また社会や政治の領域では、むしろ日本のほうが安定度の点で優位に立っている、という今日の状況において。

モデルとしてのフランス

日本が開国し、フランスと本格的な交流を開始して以来、日本にとってフランスがいかなる存在だったかを振返ってみよう。

日本が開国した一八五〇年代は、フランスでは、第二帝政（一八五二―七〇年）と呼ばれる時期にあたる。第二帝政期のフランスを治めた皇帝ナポレオン三世は、いちはやく産業革命に成功して世界のリーダーとなっていたイギリスに追いつく（キャッチアップする）べく、政府の主導のもと、工業化を強力に推進した。これにより、フランスは帝政期末までに産業革命を完了する。一八六〇年には英仏通商条約が結ばれ、両国間における輸入禁止措置の撤廃と関税の大幅な引下げが実現されるが、これはフランス産業革命の完了が間近であることを意味した。開国当時の日本人の目に映ったのは、世界のトップランナー・イギリスに追いつかんとするフランスの姿だったのである。

その後フランスは、ドイツとの戦争（独仏戦争、一八七〇—七一年）に大敗して第二帝政の崩壊を招くも、つづく第三共和政（一八七〇—一九四〇年）に入って北アフリカ・東南アジアなど各地に植民地を獲得し、二つの世界大戦に勝利し、第二次世界大戦後は脱植民地化、欧州統合、高度経済成長をすすめるなど、列強あるいは先進国というイメージをふりまきつづけた。そのため、開国後の日本にとり、フランスは、つねに、イギリスやドイツ、さらにはアメリカ合衆国（以後、合衆国）とならび、見習い、模倣し、さらには追いつき追いこすべき「モデル」として存在してきたといってよい。

とりわけ第二次世界大戦後の日本では、政治、経済、社会の民主化が主要な課題とみなされたことから、フランス革命など幾度もの革命や、パリ・コミューン（一八七一年）など諸反乱の経験を有するフランスは、いわば「民主主義の祖国」とみなされ、きわめて重要なモデルとして捉えられた。さらにまた文化の領域では、ファッション、料理、思想などをリードする「美（うま）し国」として、人びとのあいだで絶大な人気を誇ってきた。

フランスは、長いあいだ、日本にとっての「モデル」だったのである。

しかしながら、先述したとおり、とりわけ一九七〇年代以降、フランスは政治、経済、社会の諸領域で、さまざまな問題に直面し、場合によっては日本の先行を許すに至った。これ以降、モデルとしてのフランスを語ることは不可能な、あるいは、少なくとも困難な営みとなった。

先行者としてのフランス

それでは、フランスを観察し、語ることは、今日においては無益なことなのか、といえば、そうではない。わたしたちにとってフランスは、見習うべき「モデル」ではなくなったかもしれないが、依然として「先行者」として存在しつづけているからだ。

ここでいう「先行者」とは、わたしたちが直面している、あるいは近い将来に直面することが予想されている諸問題について、すでに直面し、対策を模索し、対応や解決に成功あるいは失敗し、その経験によって、わたしたちに正または負の教訓を与える存在である。実際、さまざまな領域において、フランスは、日本にとっての先行者とみなせるし、またみなすべき存在である。

たとえば、今日の日本にとって最大の問題のひとつが、少子高齢化と、それに伴う人口減少であることは、いうまでもないだろう。日本の合計特殊出生率は一九七五年に二を切り、二〇〇五年には一・二六にまで低下した。その後、一六年には一・四四にまで回復しているが、出生者数は減少の一途を辿っている。それに伴い、総人口も〇九年から減少に転じ、今日に至っている。少子高齢化や人口減少は経済活動の停滞や社会システムの弱体化をもたらすから、この事態に適切に対応するための施策が、さまざまに構想され、あるいは試行されている。

ここで目をフランスに移すと、少子高齢化や人口減少という問題は、彼の地ではすでに一九世紀後半に現出していたことがわかる。同時期の自然増加率(出生数から死亡数を引いたものの対人口比)は二%程度であり、これは他国と比して圧倒的に低かった。六五歳以上の人びとが総人口に占める「高齢化率」が七%をこえる社会を通常「高齢化社会」と呼ぶが、高齢化社会になったのは、日本が一九七〇年に対して、フランスはじつに一八六四年である。また、二〇世紀前半、フランスの総人口は四〇〇〇万人前後を維持し、ほとんど増えなかった。総人口が増加しはじめるには第二次世界大戦の終了を待たなければならない。

わたしたちにとって、フランスの歴史は先行者の歴史である。そして、その成功と失敗は重要な教訓として機能しうる。その点において、わたしたちがフランス、とりわけその歴史から学ぶべきことや学びうることは、依然として存在しているといわなければならない。

2　分裂と統合の弁証法

それでは、フランス、とりわけ現代フランスは、いかなる特徴をもっているのか。日本と比較したとき、その独自性はいずこに見出されるか。

本書では、現代フランスの最大の特徴を「分裂と統合の弁証法」という言葉で表現したい。「分裂と統合の弁証法」とは聞きなれない言葉かもしれないので、まずこの点について説明しておこう。

深く重層的な分裂

現代フランス史は、たがいにおおきく異なる立場に立つアクターたちが相対立するなかで動いてきた。そこにおいてまず印象的なのは、彼らの立場のあいだの距離の大きさと、対立の激しさである。

これは、現代に限ったことではない。一七八九年のフランスをみてみよう。数年来の天候不順による不作、国王政府による中央集権化の進行、のちに第二次百年戦争と呼ばれるほどにひきつづく戦争による国力の疲弊と増税の試みなどにより、国民の不満は高まっていた。もっとも、ここでいう「不満」の具体的な内容や志向性は、階級、階層、身分により、あるいは一人ひとりの状況により、おおきく異なっていた。

大貴族たちの多くは、国王政府による中央集権化がみずからの特権をほりくずしつつあることに不満を抱き、政治・経済・社会の諸領域で特権身分(第一身分すなわち聖職者と、第二身分すなわち貴族)が実権をにぎり、権力をふるう中世に回帰することを望んだ。

これに対して一部の聖職者や貴族と、平民は、フランスが依然として身分制社会的な色彩を残していることを批判し、すべてのメンバーすなわち国民が同一の権利と義務をもつ国家を創造することを主張した。

両者の志向性のベクトルは正反対の方向をむいていた。ただし、両者は国王政府による中央集権化反対という一点で共通していた。そして、この点において、両者は、意図してかせずにか、フランス革命の勃発に貢献する。

フランスは、さまざまな領域において、そして、さまざまな争点をめぐって、つねにふかく重層的に分裂してきたのである。

「外部」による統合

もっとも、フランスの歴史を「分裂」の相だけで捉えていては、事態の一面のみをみているにすぎない。複数の層でふかく分裂し、相対立するアクターは、社会の「外部」にある力によって「統合」されるのが常だったからである。

これもまた、現代に限ったことではない。一八四八年冒頭のフランスをみてみよう。当時のフランスは、一定額以上の納税をなす成人男子のみに選挙権を認める制限選挙制度にもとづく立憲王政（七月王政）という政体をとっていたが、選挙権を得られない中下層の人びとの不満はつのり、これまた数年来の天候不順にもとづく不作、食料価格上昇、工業製品需要低下のなかで、革命として爆発した。いわゆる二月革命と、それによる共和政（第二共和政）の成立である。

革命を担ったのはおもに中間層（ブルジョワジー）と民衆（労働者・下層民など都市民衆、小農・農業労働者など農村部民衆）であるが、前者は、富と能力にもとづく社会的上昇（出世）を信奉し、それゆえ所有権を最重要視した。これに対して後者は、社会的上昇を実現することよりも自分や家族の生命と生活を維持することのほうを緊要の課題とみなし、したがって所有権に対する生存権の優位を主張した。そうである以上、革命という一大イベントが終わり、男子普通選挙制度の導入をはじめとする一定の改革が実現されるや、両者がただちに対立しはじめるのは、当然の理であった。

同年末、両者の分裂のなかで大統領選挙が実施されるが、圧倒的な得票で勝利したのは、中間層の代弁者ウジェーヌ・カヴェニャック（Eugène Cavaignac）でもなく、民衆の代弁者フランソワ・ラスパイユ（François Raspail）でもなく、長年の亡命生活から帰国したばかりのルイナポレオン・ボナパルト(Louis Napoléon Bonaparte)すなわち、かのナポレオンの甥であった。選挙権を得たばかりの多くの有権者は、いわば外部から来た彼に対して、分裂していたフランスの統合を期待したのである。

フランス史は、「分裂」と「統合」が、二つのベクトルとして、場合によっては対立的に、場合によっては相補的に、機能しつつせめぎあい、そのなかで二つのプロセスとして交互に出現しては消えてゆくような、そういった時空間であった。

分裂と統合の弁証法

ただし、プロセスとしての分裂と統合が一巡したのちに現出するのは、一巡前に存在した元の二者とは異なったものである。このプロセスは、いわば円環ではなく螺旋を描くものとして理解されなければならない。相対立する二つのものが統一され、そのなかで新しいものが誕生する――本書が分裂と統合の繰返しからなる現代フランス史の特徴を「弁証法」と呼ぶのは、そのためである。

そして、三たびこれもまた、現代に限ったことではない。一八七一年のフランスをみてみよう。前年に始まったドイツ諸邦との戦争は圧倒的なドイツ優位のまま進み、フランスは戦争継続派と停戦派に分裂した。両派の角逐のなかで共和国行政長官の地位についたアドルフ・ティエール(Adolphe Thiers)は、あらたに成立したドイツ帝国と困難な交渉を続け、また徹底抗戦を叫ぶパリ・コミューンを弾圧しつつ、どうにか戦争を終わらせた。一部戦争継続派の不満は残り、戦後も対独復讐派や嫌独派として存続したが、この時代、国力からみて、フランスは圧倒的に不利な位置にあり、対独復讐はどうみても不可能であった。そうであれば、どうにかして彼らの不満を吸収しなければならない。この課題に取組んだのが、一八八〇年代から九〇年代にかけて首相その他の要職を歴任するジュール・フェリー(Jules Ferry)である。彼は、世界各地に植民地を獲得することにより、ドイツに対する国民の劣等感を吸収しようとした。そして、チュニジアやマダガスカルを保護国化し、清仏戦争(一八八四―八五年)に勝利してインドシナ半島の植民地化を始めるなど、フランスの植民地帝国化を推進した。対独戦をめぐる分裂は、植民地帝国の形成という方針に、弁証法的に統合されてゆく。

たえまなきフランス社会の分裂は、なんらかの意味で外部に在る力や存在によって統合され、そのなかで新しいフランスが弁証法的に登場してきたのである。

3　相対的後進国

相対的後進国

現代フランス史を特徴づける「分裂と統合の弁証法」というプロセスは、なぜ、いかに生じたのか。このプロセスが歴史的なものであるからには、この問題に対する解答もまた、それに先立つフランス史のなかに探られなければならない。

本書は、「分裂と統合の弁証法」がフランスで優越することになった原因は、大航海時代の到来から産業革命に至る時期を経て、政治、経済、社会の諸領域で世界がひとつのシステムとして一体化し、いわゆる世界システムが形成されるなかで、フランスが「相対的後進国」という位置を占めたことにみてとれると考えている。

「相対的後進国」とは、フランス史学者・遅塚忠躬(ちづかただみ)が、フランス革命のメカニズムの特徴を説明する際に導入した分析概念である。

彼によれば、フランス革命の最大の特徴は、担い手を異にし、したがっておのおの独自の目的をもつ複数の革命が複合的かつ重層的に関連するなかで展開する「複合革命」だったこと、とりわけ、一方に中間層を担い手とする「ブルジョワ革命」、他方に都市民衆が担う「民衆革命」と農村部民衆が中心的な担い手となる「農民革命」、この両者が、みずからの独自な利害の貫徹をめざして遂行されたことにある。フランス革命の総体が爆発的な速度で展開し、ジグザグな路線を辿り、また、内部でさまざまな対立が生じたのは、そのためである。

すなわち、両者が目的をともにし、一種の協働関係に入った場合は、革命は急速な進行をみた。中間層、都市民衆、農村部民衆は、当時のフランス国民の大多数を占めていたからである。これに対して両者の目的が相対立する場合、革命は「ブルジョワ革命」と「民衆革命」および「農民革命」とのあいだでゆれうごき、両者の力関係に応じて複雑な進路をとらざるをえない。そして、この対立は、目的が正面衝突するものである以上、最終的には、しばしば悲劇的なかたちで決着がつけられる。

それでは、中間層と都市民衆および農村部民衆という両者は、革命になにを託していたのか。世界の一体化と世界システムの形成のプロセスにおいて、一八世紀に至ると、フランスはイギリスと世界の覇権を争う位置に至った。しかし、イギリスで産業革命が始まると、イギリスの優位が確定し、フランスは「後進国」の位置に後退する。もっとも、イギリスとの距離はさほど大きくなく、したがって同国に追いつくことは十分に可能であった。フランスの後進性は「相対的」なものにとどまり、その意味で一八世紀以降のフランスは「相対的後進国」であった。

相対的後進国フランスにおいて、中間層は、身分制社会を廃し、自由な経済活動や私的な所有権が保障され、富と知によって社会的上昇を果たすことが可能な社会を実現することを望んだ。一刻もはやく産業革命を開始および完了し、イギリスにキャッチアップするためである。これに対して都市や農村部の民衆は、身分制社会を廃し、富や知の大小にかかわらず生存や生活が保障される社会を実現することを望んだ。ただし、彼らが主張するような、生存権が(所有権よりも)重視されるような社会では、急速な産業革命は望めないだろう。両者の目的は、身分制社会の廃止で共通し、めざす社会のありかた、とりわけ産業革命に対する態度において相対立していたのである。

対立する利害、共通する利害

先にも述べたように、フランスは第二帝政期に産業革命を完了するが、イギリスにキャッチアップすることはできなかった。さらに、同じころ重化学工業を中心とする第二次産業革命がドイツや合衆国で始まるが、フランスはこの動向にも乗りおくれた。その意味で、フランスは相対的後進国の位置を脱しえないまま今日に至っているといってよい。

そして、このような性格を維持しているがゆえに、現代フランスは、依然として「分裂と統合の弁証法」のプロセスを生きている。すなわち、第二次産業革命からＩＣＴ革命に至る経済構造の変化を「経済構造の高度化」と呼ぶとすれば、高度化を支持する人びとと、生活を脅かされるがゆえに高度化に反対する人びとが、分裂する。所有権を中核とする自由権を重視する人びとと、生存権を基盤とする社会権を支持する人びとが、分裂する。生存と生活を守ろうとする人びとのなかで、両者を支える基盤たる仕事を奪うとして移民の排斥を求める人びとと、移民にも生存権はあると主張する人びとが、分裂する。

しかし、いつまでも社会や国民が分裂していては、イギリス、ドイツ、合衆国など先進国にキャッチアップすることはできない。そこで、統合を実現しうる存在が外部に求められる。キャッチアップという点で、対立する二者の利害が共通する。

しかし、外部から来た者に頼るだけでは、キャッチアップを完了することは難しい。そこから、彼らに対する人びとの不満が、あらたに生まれる。とるべき道をめぐり、あらたな分裂が生じる。それも、あらたな対立軸にもとづいて。

これが、現代フランスのダイナミズムの根底をなすメカニズムである。

第1章
解放と復興
—1940年代—

レジスタンス参加者とともにパリのシャンゼリゼ大通りを行進するドゴール．ドゴールに顔を向けている右側の人物が，CNR議長ジョルジュ・ビドー（1944年8月26日）Getty Images

1　解放、対立、和解

フランスの戦後は、事実上、一九四四年八月二五日に始まる。

解放と終戦

一九四二年一一月以来、フランス本土は全土がドイツに占領されていたが、四四年六月、フランス共和国臨時政府指揮下にある「フランス解放軍」と連合軍がノルマンディ地方に上陸し、国内の対独抵抗運動(レジスタンス)武装勢力を結集した「フランス国内軍」と合流したのち、本土の解放をめざして進撃を開始した。

進撃の主要目的地は、首都パリであった。中央集権主義国家フランスにとって、首都パリは格別の重みと象徴的な意味をもっていたからである。実際、両フランス軍にとって、連合軍よりも先にパリに突入することは至上命題であった。そのため両者は、一九四四年八月二四日深夜、ほぼ独断でパリに突入する。翌二五日、連合軍も進撃を開始し、短い攻防のすえ、パリ防衛ドイツ軍を降伏させた。パリの解放である。

臨時政府首席シャルル・ドゴール(Charles de Gaulle)はただちにパリに入り、二五日夕方、パリ市役所のバルコニーで勝利の演説をおこなった。さらに、彼は、翌二六日、シャンゼリゼ通りを行進し、パリ市民の熱狂的な歓迎を受けた。

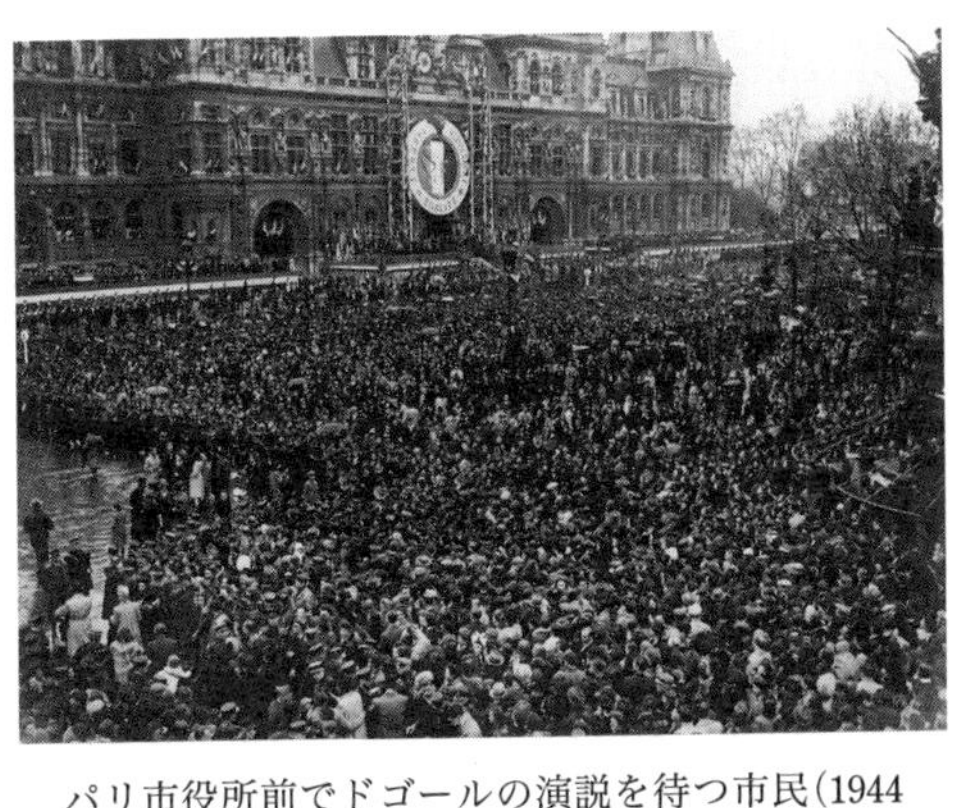

パリ市役所前でドゴールの演説を待つ市民(1944年8月25日) Getty Images

ドゴール(一八九〇年生)は、陸軍士官学校を卒業して陸軍に奉職したが、第一次世界大戦に従軍した経験や、戦後母校で軍事史を教える際に身に付けた知識などから、早くから戦車や航空機などをもちいた機甲戦および航空戦の時代が来ることを予測した異能の職業軍人である。第一次世界大戦後は、戦中に指揮下に入って知己を得たフィリップ・ペタン(Philippe Pétain)の庇護のもと、戦争理論家として軍内で順調な出世を遂げ、さらに、第二次世界大戦開戦後の一九四〇年六月、陸軍省および国防省の政務次官として政界に入った。彼は、イギリス軍との作戦調整を任務として課され、ただちにロンドンに飛んだ。ただし、同地におけるドゴールは、任務遂行にとどまることなく、「自由フランス(France Libre)」の名のもとに抵抗組織の結成を提唱し、主導した。そして、亡命政権たるフランス国民委員会(四一年設立、四三年フランス国民解放委員会に改組、四四年六月臨時政府に改称)と軍事部門としての自由フランス軍(四三年フランス解放軍に改組)を組織し、まずは植民地、ついで本土の解放をめざしたのである。

もっとも、パリの解放がフランス全土の解放を意味するわけではない。

フランス領土のうち植民地については、臨時政府の主要な拠点が、ドイツ軍の脅威から遠いサブサハラ(サハラ砂漠以南)に位置する植民地にあったこともあり、いちはやく解放が進められた。一九四三年には、日本が占領していたインドシナを除き、ほぼすべての植民地がフランス国民解放委員会の支配下に入った。

問題は、本土であった。本土各地におけるレジスタンスは(徐々に組織化されるとはいえ)散発的な展開にとどまっており、ドイツ軍および親独派の一掃にまで至ったのはコルシカ島(一九四三年一〇月)だけであった。それ以外の地域で本格的な解放が始まるには、フランス解放軍と連合軍の上陸を待たなければならない。北部と西部については一九四四年六月にノルマンディ地方に、南部については八月にプロヴァンス地方に、おのおの両軍が上陸し、レジスタンスと協力しながら進軍して各地の解放を進めた。事態の推移をみて、連合国は、一〇月、臨時政府を正統なフランス政府と認めた。年末には、仏独国境地帯であるアルザス地方やアルデンヌ高原を除き、本土のほぼすべてが臨時政府の統治下に入った。

一九四五年になると、三月には仏独国境地帯におけるドイツ軍の抵抗も終わり、五月八日、ドイツは連合国に降伏した。終戦である。

対立と分裂

第二次世界大戦中、フランスではさまざまな対立と分裂がみられた。

まず、ドゴールをはじめとする一部の軍人、政治家、民間人は、国内外で各種のレジスタンスを展開した。とりわけ、東部戦線(独ソ戦)でソビエト社会主義共和国連邦(ソ連)の優位が明らかになった一九四三年以降になると、国内レジスタンスの参加者が増え、また、組織化が進むようになった。

その一方で、中部の温泉町ヴィシーに首都を置き、当初は南部の施政権を認められ、一九四二年にドイツがフランス全土を占領した後も存続を認められた親独政権(通称ヴィシー政権)の首席に就任したペタンのもとには、それまでの政府が採用してきた政教分離主義(フランス語でライシテ)に反発するカトリック教会、共産党(Parti Communiste Français)の閣外協力による社会党(正式名称は国際労働者協会フランス支部 Section Française de l'Internationale Ouvrière)政権の成立(人民戦線、一九三六年)に脅威を覚えた反共主義者、強力な国家介入による経済・社会の組織化を夢見るテクノクラート(合理主義派の官僚)などから、少なくない数の人びとが集った。

そして、これら反独派と親独派の中間には、生命の危機と反独(反ナチス)感情のはざまで葛藤して沈黙する大多数のフランス人がいた。

また、反独派と親独派おのおのの内部にも対立が存在し、事態を複雑にした。

例として前者をみると、主要な対立は国外レジスタンスと国内レジスタンスのあいだにあった。国外レジスタンスを担った人物としてまず挙げるべきは、いうまでもなくドゴールである。彼の周囲には、共産主義者から反共主義者まで、多種多様な政治思想をもつ人びとが集まった。

これに対して、国内レジスタンスは、おおきく八つの組織に分かれていたが、一九四三年に全国抵抗評議会、通称CNR(Conseil National de la Résistance)に結集し、自由フランスの指導下に入るとともに、翌四四年、武装部門を一本化してフランス国内軍を結成した。同評議会は共産党や社会党、とりわけ前者の影響力が強く、しばしばドゴールと対立した。

さらに、一見沈黙している人びとがひそかにレジスタンスを支持したり、親独派が反独派(あるいはその逆)に転身したりするなど、個人の次元では、さまざまな行動がみられた。ちなみに、後者の代表的な存在が、当初はヴィシー政権の戦争捕虜職業斡旋委員会で働いて「フランク族の斧」勲章を授与されるに至るも、のちレジスタンスに身を投じ、後年、社会党第一書記として大統領に当選するフランソワ・ミッテラン(François Mitterrand)である。

反独か、沈黙か、親独か。ナショナリズムか、共産主義か。一徹か、転身か。敵国、それもナチス・ドイツという特異な国家の占領下という極限状況では、人びとの行動は複雑なものとならざるをえない。そこから、さまざまな対立が、相異なる次元・領域で重層的に並存し、国民を分裂させる、という状況が生じたのである。

レジスタンス神話

これら対立は、フランス社会の内部に、戦後復興にかかわる多種多様な問題を惹起せざるをえない。この事態に直面して、政府は早急な対処を迫られた。

たとえば、解放された地域では、反独派や沈黙していた人びとがドイツとヴィシー政権に抱いていた反発を背景として、親独派に対する私的な粛清が始まった。レジスタンスによる即決処刑は、一万人ちかくに達した。このような事態は、政府にとっては決して好ましいものではない。

政府は、終戦までに一二万人を親独派として予防拘禁し、また、一六万人を対独協力行為の咎で裁判所に送った。さらに、一万人以上の公務員について、対独協力行為を理由として職から追った。これら公的な粛清は、親独派に対する制裁と、私的な粛清の抑制という、二つの性格をもっていた。

また、終戦に伴い、ドイツから大量のフランス人が引揚げてくることになった。すなわち、戦争捕虜一二〇万人、被強制収容者(ユダヤ人、反独派など)二〇万人、徴用されてドイツで働いていた労働者七〇万人、ドイツ軍に召集されていたアルザス・ロレーヌ地方出身兵士二〇万人、合計二三〇万人である。さらに、海外に亡命していたフランス人のうち二五〇万人が帰国すると予想された。かくして、五〇〇万人近くを受入れる社会的経済的な準備を、可及的すみやかに開始する必要が生じた。

臨時政府は、一九四四年秋、捕虜・被強制収容者・亡命者省を設置し、二万人以上の公務員とボランティアを動員して各地に受入れセンターを設け、一日あたり四万人にのぼる引揚者を受入れた。受入れは順調に進んで四五年末にはヤマを越え、同省は廃止された。

公的な粛清にせよ、引揚者の受入れにせよ、あるいは国民の生活にかかわる経済再建にせよ、これら問題を早急に解決するには、膨大な量の人的および物的な資源を要する。これら資源を調達するには、なるべく多くの国民から政府の施策に対する同意と、可能であれば協力を得ること、一言でいって国民統合が有効であり、また問題の規模を考えると不可欠である。臨時政府、とりわけ首席であるドゴールには、戦争、敗戦、占領、傀儡政権、抵抗運動といった経験から生じた対立によって複雑に分裂してしまった国民を一刻もはやく統合するという課題が課せられたのである。

国民統合のツールとしてしばしばもちいられるのはナショナリズムである。ドゴールは「フランスの栄光(gloire de la France)」、国家の力、そして国民や人民の直接行動の有効性を信じる強烈なナショナリストであり、ナショナリズムの力を熟知していた。その意味で、彼は国民統合の推進者として有利な位置にあった。ただし、臨時政府は、共産党をはじめドゴールと一線を画す勢力を内部にかかえており、ドゴールがナショナリズムに訴えたからといって、ただちに一致団結するような状況にはなかった。

かくして着目されたのが、レジスタンスという経験である。国民の大多数にとって、大戦中の生活は否定的なイメージで捉えうるものであり、かくなる事態をもたらしたものは容易に「敵」とみなしうる。そして、この敵の役割はドイツと親独派に割振られる。もっとも、親独派もまたフランス人だから、あまり敵にはしたくない。ここから、大略「ごく少数の真性親独派を除き、大多数のフランス人は積極的にか消極的にかレジスタンスに参加した。ドイツに勝利したのは、彼らが担ったレジスタンスの力のおかげである」という物語、すなわちレジスタンス神話が誕生する。ここで「神話」と呼ぶのは、それが実態とは異なっていたからである。

ともあれ、このレジスタンス神話にもとづき、一部を除く親独派、沈黙していた(実際には大多数の)人びと、そして反独派のあいだに和解がもたらされた。実際、対独協力行為を理由として裁かれた一六万人のうち、七万人以上は無罪を宣告された。有罪者のうち死刑を宣告・執行されたのは八〇〇人弱であり、残りのほとんどは一九五三年までに釈放された。

結局、フランス共和国臨時政府が採用したのは「レジスタンス神話による和解、和解による国民統合、国民統合による資源の調達」という戦後復興戦略であった。

2 経済復興

CNR綱領

いうまでもなく、戦後復興の中核は人びとの日常生活の再建にあり、日常生活の再建の中核は経済状態の改善にある。解放と終戦を経てドゴール率いる臨時政府が直面したのは、なによりもまず、この経済復興という課題であった。戦争と占領のなかで国民所得は半分に、工業生産に至っては三分の一に、おのおの減少しており、事態は深刻であった。

それでは、いかにして経済を復興させるべきか。復興後のフランス経済は、いかなるものであるべきか。

この重要な問題をめぐっては、じつは、すでに戦前から、支配階層とりわけ政治家や官僚のあいだで議論がなされ、戦時中には、親独派と反独派とを問わず、奇妙なコンセンサスが出来上がっていた。

そもそもの契機は、独仏戦争でプロイセンなどドイツ諸邦に完敗したことにあった。政治家、官僚、経営者、学者の一部は、敗北の主因を、フランス産業の生産性と技術水準の低さに見出した。ドイツに復讐し、あるいは世界列強の一員に復帰するには、国内の産業構造や個々の企業の組織を計画的かつ合理的に再編し、近代的な技術を導入して生産性を向上させなければならない。この課題を早急に進めるには強力なリーダーシップが不可欠となるが、その主体となりうるのは、まずもって国家である。また、国民や各企業労働者の積極的なコミットメントが求められるが、そのためには彼らの参加を認めることが必要だろう。かくして、国有化、計画化、民主化、近代化、あるいは合理化をキーワードとする「経済の組織化」を説く言説が、支配階層のあいだに広がった。このような知的状況のなかで、フランスは第二次世界大戦に突入したのである。

CNR綱領の実現を訴える社会党と共産党(1945年5月1日) Getty Images

親独派をみると、ヴィシー政権は、戦時統制経済化を進めるべく、一九四〇年、政府代表(官僚)と経営者からなり、生産計画の策定や個別企業の経営方針を議論する「組織委員会」を、産業部門ごとに設置した。戦争遂行のためという理由からではあるが、テクノクラートが主導して経済の組織化が試みられたのである。

反独派をみると、主導権を握ったのは全国抵抗評議会であった。一九四四年三月、評議会は解放後になされるべき諸改革を定めた綱領、通称CNR綱領を制定するが、そこでは「経済や社会における民主主義の確立」、「経済の合理的組織化」、あるいは「労働者のアクセス権」といった語をもちいつつ、全体利益を重視しつつ経済を合理化および組織化すること、国家が利害代表と協議したうえで経済計画を策定すること、エネルギー、地下資源、保険、金融といった重要な産業部門の大企業を国有化すること、企業の経営や国民経済の運営に労働者が参加すること、などが提唱された。ここには、明らかに、一九世紀以来の「経済の組織化」思想の影響がみてとれる。

そして、反独派が勝利したことを受けて、戦後フランスの経済復興は、当初、おもにCNR綱領に沿ったかたちで進められることになる。

二つのディリジスム

国家が市場をはじめとする経済領域に介入し、企業や国民経済が進む方向をコントロールするという政策思想は、フランス語ではディリジスム（直訳すると国家主導主義）と呼ばれる。ドゴール政権は、ディリジスムにもとづき、ＣＮＲ綱領を尊重しながら、すみやかな復興を最優先目標とする経済政策を実施に移した。

一九四四年末、重要産業部門における主要企業の国有化が始まった。フランス炭鉱（採炭）、フランス電力（電力）、フランス・ガス（ガス）、ルノー公団（自動車製造）、国営航空機開発製造会社（航空機製造）、エール・フランス（航空輸送）、パリ交通営団（公共交通機関）、上位三四の保険会社（保険）、フランス銀行と四大預金銀行（金融）など、公団、国営、半官半民といったさまざまな企業形態をとりつつも国家が経営に関与する点では共通する公共企業が、次々に誕生した。すでに戦前（三八年）に半官半民化されていたフランス国鉄を含め、いまや労働者の一〇人に一人はこれら公共企業のために働くという状況が生じた。

労働者の参加については、一九四五年二月の政令が、従業員一〇〇人（四六年からは五〇人）以上の企業に「企業委員会」の設置を義務づけた。委員会は、労働者の選挙によって選出される企業委員から構成され、毎月開催される会議を通じて、企業内福利厚生事業を管理するとともに、経営や財務に関する報告を受けて意見を述べる権能を与えられた。委員会は諮問機関にとどまったものの、これは、経営者が経営にかかわる意思決定を独占できなくなったことを意味した。
ただし、もう少しくわしくみると、ディリジスムの内部には二つの路線があり、いくつかの局面で相対立していたことがわかる。

最大の争点は、国有化された公共企業をだれが管理するかにあった。

全国抵抗評議会に大きな影響力を行使していた共産党などは、労働者の参加を重視し、労働者、消費者、国家が公共企業を管理監督する、通称三者管理を提唱した。これは、一方では社会主義および共産主義への第一歩であり、他方では経済復興に対する労働者の動員を促進するための方策であった。これを「下からのディリジスム」と呼んでおこう。

これに対して、国家の力を重視するドゴールおよび彼を支持するドゴール派や、専門知識の重要性を強調する(元親独派を含めた)テクノクラートは、国家や専門家に公共企業の経営を委ねること、すなわち国家管理または専門家管理を提唱した。これは「上からのディリジスム」と呼ぶことにしたい。

実際の国有化は、両者の対立のはざまで、一種の妥協という性格を帯びざるをえない。すなわち、三者管理が導入されたのは、フランス電力やフランス・ガスなど一部の企業にとどまった。また、三者管理をつよく求める共産党が政権に参加するか否かで、国有化政策はおおきく変化せざるをえないだろう。

いずれにせよ、親独、沈黙、反独という分裂は、レジスタンス神話、ディリジスム、経済成長にもとづいて統合されるべきであり、また統合しうるとされたのである。

モネ・プラン

もちろん、企業を国有化し、労働者の参加を促しさえすれば、それでよいというわけではない。ディリジスムにもとづいて経済復興に乗出すというのであれば、政府は具体的なロードマップを考案し、実施に移さなければならないだろう。フランスでは、このロードマップは経済計画というかたちをとった。

ドゴールは、腹心の政治家にして実業家ジャン・モネ(Jean Monnet)の提案にもとづき、一九四六年初頭、国民諸階層の代表からなる「近代化委員会」を設置し、経済計画の草案の作成を委ねた。同委員会によって作成され、翌四七年から実施に移されたのが「近代化と経済整備のための第一次総合計画」、通称モネ・プランである。同プランは、生産と貿易の促進、労働生産性の向上、完全雇用の実現、そして生活水準の向上を目的として掲げる、総合的で野心的なものであった。実施期間は五〇年までの四年間と定められたが、のちに五三年まで延長された。

プランでは、具体的な最優先目標は、一九五〇年までに国内総生産を戦前最高水準(二九年)の二五％増まで引上げることに置かれた。そのためには、諸財の生産手段や材料となる生産財の生産を回復させることが急務である。逆にいえば、消費財は後回しでよい。かくして、石炭、電力、鉄鋼、運輸、セメント、農業機械という六(生産財)部門が基礎部門として位置づけられ、資金と資源が優先的に割当てられることになった。同時期の日本と同じく、一種の傾斜生産方式が採用されたのである。

問題は、復興に必要な投資資金であった。国内総生産のじつに四分の一に相当するとされた投資資金を捻出する体力は、当時のフランスにはなかった。一年目の実績は目標達成にほど遠いものであり、プランは失敗の烙印を押されかけるに至った。

プランを救ったのは、一九四八年四月に始まる、マーシャル・プランにもとづく合衆国からの援助である。援助資金を受入れるべく「近代化設備基金」が設置され、六つの基礎部門を主要な対象とする投資が進められた。これにより、生産財部門を牽引車とする経済成長、生産の合理化と近代化、生産性の向上が可能となった。五三年、国内総生産は戦前最高水準の約二割増となる。こうして経済復興が実現し、それのみならず高度経済成長が始まった。

ただし、膨大なマーシャル・プラン援助資金の流入は、消費財部門の復興が後回しにされたことを背景とする消費財の供給不足したがって価格上昇とあいまって、インフレーションを惹起し、国民生活を圧迫した。人びとが経済復興を実感するには、まだしばしの時間を要することになる。

3 第四共和政の成立

憲法制定

一九四四年六月、国民解放委員会は、国土解放後一年以内に、憲法を制定する国民議会の議員選挙を実施すると定めていた。翌四五年五月のドイツ降伏と終戦を受け、ドゴールは、いよいよ憲法の制定すなわち国制(国家制度)の選択をおこなう時期が到来したと判断し、同年一〇月、国民投票と国民議会選挙を実施することを決定した。国民投票は、同時に選出される国民議会を憲法制定議会とするか否かを問うものであったが、九六%という圧倒的多数の支持を得た。

ここで主要政党の特徴を、どの社会階層を支持基盤としたかと、いかなる経済政策を提唱したかという二点に着目しながら概観しておこう。

共産党(一九二〇年一二月結成)は、労働者など民衆層を支持基盤とし、下からのディリジスムの実施を求めた。

社会党(一九〇五年四月結成)は、民衆層と、小農民、職人、商人などの旧中間層(どちらかといえば前者)を支持基盤とし、上または下からのディリジスムを奉じた。

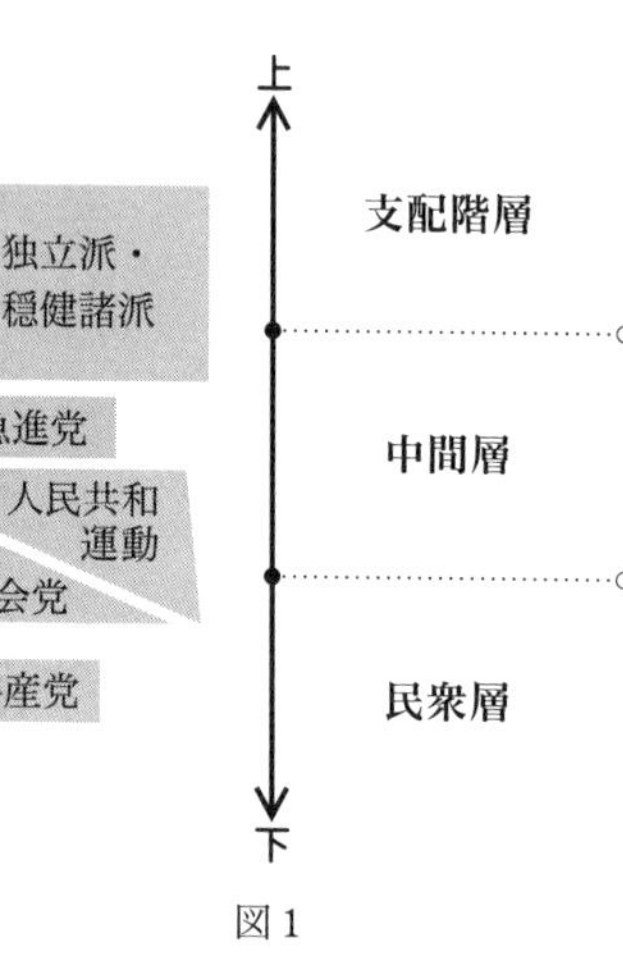

図1

人民共和運動(Mouvement Républicain Populaire)は、レジスタンス参加者を中心として四四年一一月に結成されたキリスト教民主主義政党であるが、社会党と同様に、民衆層と旧中間層(どちらかといえば後者)を支持基盤とし、上または下からのディリジスムを唱道した。

急進党(正式名称は急進・急進社会主義共和党 Parti Républicain, Radical et Radical-Socialiste)は、一九〇一年六月に結成されたが、旧中間層を支持基盤とし、基本的にはディリジスムに反対して経済的自由主義政策を支持した。

このほかに独立派・穏健諸派と総称される諸党派が存在したが、これら党派は、旧中間層と支配階層を支持基盤とし、経済的自由主義政策の採用を求めた。

また、しばらくすると、上からのディリジスムを支持し、すべての社会階層から支持を得ることをめざすドゴール派が登場する(図1)。

国民議会では、共産党、社会党、人民共和運動の三党が議席の八割以上を占め、彼らを中心として憲法草案が策定された。草案では、国民議会のほか、上院に相当する機関として共和国評議会(Conseil de la République)の設置が盛り込まれた。ただし後者は諮問機関にとどまったため、事実上は一院制であった。また、大統領は両院合同会議(Parlement)が選出するとされ、その機能は象徴的なものにとどめられた。このように、草案は行政府に対する立法府の優位を特徴とするものであったが、一九四六年五月の国民投票では僅差で否決された。そのため、再度国民議会選挙が実施されたが、選挙結果は、社会党から人民共和運動に一定数の票が流れたものの、基本的には前年の選挙とさほどかわらなかった。新しい議会は、大統領に首相の任命権を与えるなど若干の修正を加えた第二次草案を策定し、一〇月に再度実施された国民投票で可決にこぎつけた。

第四共和政憲法は、立法府の優位という点では、第三共和政憲法とかわらない。その新しさは、長大な序文が付されたことと、第八部(第六〇条から第八二条)で「フランス連合(Union Française)」が規定されたことの二点にある。

まず、序文は、フランス革命以来の伝統に立って自由権を保障することを明らかにしたうえで、「さらに、今日とりわけ必要となった政治的、経済的、社会的な諸原則を、ここに明記する」と述べ、これら諸原則として、男女平等、労働権、労働者の経営参加、社会保障権、教育権など、一言でいって社会権を列挙した。第四共和政の画期性は、なによりもまず、この点にあるといってよい。

また、終戦直後の政府にとって急務だったのは、第三共和政期に拡大した植民地をいかに位置づけ、いかに取扱うか、という問題であった。憲法は、植民地を、海外県（グアドループ、マルティニク、ギアナ、レユニオン、アルジェリア三県）、海外領土（サブサハラ地域、コモロ、マダガスカル、ニュー・カレドニア、ポリネシアなど）、連携地域（元委任統治領であるトーゴとカメルーン）、連携国（ベトナム、カンボジア、ラオスなど元保護国）の四種類に整理したうえで、これら植民地とフランス本土からなり、大統領、高等評議会、議会を擁するフランス連合を設置すると定めた。このうち海外県と海外領土は、本土とともにフランス共和国を構成するとされた。

本土と植民地の関係は、憲法前文が「フランスは諸人民を自由な自治に導く」と述べ、「自治」と「導く」という相矛盾する用語を無邪気に併用していることからわかるとおり、曖昧に規定されるにとどまった。ただし、連合大統領は共和国大統領が兼務するとされるなど、本土が優位に立つことは暗黙の前提とされていた。

かくして一八七〇年から続いた第三共和政は正式に終了し、新しい憲法にもとづく新しい共和政として第四共和政が発足した。

ドゴールの退場

一九四五年一〇月の選挙で選出された国民議会は、全会一致でドゴールを政府首席に指名した。ただし、ドゴールは議会に確固とした支持基盤たる自派（ドゴール派）政党をもたず、また、ただちに、共産党と社会党を中核とする議会多数派と激しい対立関係に入った。その結果、四六年一月、議会が軍事予算の削減を求めたことを契機として、ドゴールは首席を辞任する。三カ月に満たない在任期間であった。

ドゴールと議会多数派の対立の争点は「行政府の優位か、立法府の優位か」にあった。ドゴールは「フランスの栄光」をなによりも重視する独特なナショナリズムを奉じていたが、彼にとって、フランスの栄光は強い国家によってのみ実現されうるものだった。そして、強い国家を導くのは、国民から直接的な支持を得た指導者の意思と方針のもとに一致団結して行動する政府である。そうだとすると、政府は、立法府よりは行政府に基盤を置くべきであろう。このようなドゴールの思想の背景には、国民議会で少数政党が乱立して権力闘争を繰広げ、なにも決められないまま第二次世界大戦になだれこんだ第三共和政の苦い経験があった。

これに対して議会多数派は、ドゴールの思想に、議会制民主主義を否定する独裁の危険を感知した。行政府の優位にもとづく政府に対しては、議会のチェックがゆきとどかない恐れがある。とくに、政府のトップが、ドゴールのように強い国家を志向する場合には、その可能性は高まることが危惧された。このような判断の背景には、いうまでもなく、ナチス・ドイツをはじめとするファシズムと対峙したという両大戦間期以来の経験があった。「決められる独裁」よりは「決められない民主主義」のほうがマシだと考えられたのである。主要政党のうち人民共和運動はドゴールの主張に一定の理解を示したが、共産党と社会党は強い警戒心を表明しつづけた。

結局、ドゴールと主要政党は、レジスタンスの経験にもとづいて結集したが、あるべき国制をめぐって分裂し、対立した。この対立は、経済政策の次元では、上からのディリジスムと下からのディリジスムの対立として現出した。憲法については、国民議会は立法府の優位にもとづく草案を作成したのに対して、ドゴールは臨時政府首席の座にあるときから一貫して草案反対の意思を表明しつづけた。最初の草案が国民投票で否決され、第二次草案は可決されたものの賛成票が五四%にとどまったことには、ドゴールの意思表明の影響があったといわれている。また、ドゴールの首席辞任につながった軍事予算についていえば、彼にとって、軍事力はフランスの栄光の最大の支柱であり、立法府が軍事予算の削減を求めることなどはもってのほかであった。

第四共和政憲法の制定は、ドゴールに対する議会多数派とりわけ共産党と社会党の勝利を意味した。そして、立法府の優位が認められた点で、第四共和政は第三共和政の延長線上に位置するとみなしうる。

ドゴールが辞任したのち、国政では、共産党、社会党、人民共和運動の三党が、大統領、首相、そして主要な大臣ポストを占める状況が生じる。いわゆる「三党政治」である。

冷戦の開始

ただし、三党政治は、ながくは続かなかった。合衆国とソ連が対立する冷戦が始まり、フランスの内政にも影響を及ぼすことになったからである。また、生活の窮乏が続くことに対する人びとの不満が、ストライキとして表面化したからである。

一九四七年に入ると、米ソ関係が急速に悪化しはじめた。三月、合衆国大統領ハリー・トルーマン(Harry Truman)は特別教書演説で共産主義を封じこめる必要性を説き、必要な支援を関係各国に対しておこなう準備があることを明らかにした。いわゆるトルーマン・ドクトリンである。欧州の復興を最大の目的としていたマーシャル・プランも、徐々にトルーマン・ドクトリンとリンクしてゆく。ソ連も、この動きに対抗して、コミンフォルムの結成など、東欧を自国の勢力圏とするための外交政策をうちだす。かくして、マーシャル・プランにもとづいて合衆国から資金援助を受ける予定のフランスで政権与党の座にあった共産党の立場は、微妙なものとなっていった。

さらに、企業の国有化、労働者の参加、モネ・プランの開始など、経済復興は進んでいるはずなのに、人びと、とりわけ労働者など民衆層の日常生活については、インフレーションと物資とりわけ消費財の欠乏が続き、一向に改善の兆しがみられなかった。事態に対する不満は、おなじ一九四七年四月、ルノー公団において、賃金の引上げを求めるストライキとして爆発する。当時、フランス最大の労働組合全国組織（ナショナル・センター）は、共産党に近い労働総連合（Confédération Générale du Travail）だったが、同連合はストライキを支持した。共産党もまた、賃金の引上げを政府に要求した。

五月、社会党出身の首相ポール・ラマディエ（Paul Ramadier）は事態を重くみて共産党出身閣僚を罷免し、ここに三党政治は崩壊した。経済政策の次元についていえば、これは、経済の組織化が上からのディリジスムにもとづいてなされるようになることを意味した。

ただし、残った社会党と人民共和運動だけでは、国民議会で多数を占めることはできない。彼らが頼ったのは、急進党を中心に結成された共和左派連合（Rassemblement des Gauches Républicaines）と、そして独立派・穏健諸派であった。これら四党派を総称して「第三勢力」と呼ぶ。

もっとも、第三勢力は雑多な党派の寄合所帯であり、さまざまな次元における内部対立をかかえこんでいた。たとえば、キリスト教系が多い私立学校の設立については、第三共和政期の政教分離主義の流れを引く社会党や共和左派連合は禁止を求めたのに対し、キリスト教民主主義系の人民共和運動は自由化を主張した。経済政策については、社会党と人民共和運動は（上からの、ではあるが）ディリジスム路線を継続することを主張したのに対し、共和左派連合と独立派・穏健諸派は経済的自由主義政策への転換を主張した。これら内部対立の複雑さを反映して、第三勢力を基盤とする政権は不安定、弱体、そして短命なものとなった。

さらに、一九四七年四月には、一年強の下野を経て、ドゴールが自派政党としてフランス人民連合（Rassemblement du Peuple Français）を結成し、国政進出をうかがいはじめた。同党は、一方で、上下二院制、行政府の優位、そして強力な大統領制を特徴とする（のち第五共和政で採用される）国制を主張して第三勢力を批判するとともに、他方で、ソ連の脅威を強調して共産党を批判し、ひろく国民の人気を得てゆく。

一九四〇年代末、フランス政界は、共産党、第三勢力、そしてドゴール派（フランス人民連合）という三党派が相争う時代を迎えようとしていた。

第2章

統合欧州の盟主をめざして
—1950年代—

西ドイツの主権回復などを定めたパリ協定に調印するマンデスフランス・フランス首相(中央)とアデナウアー・西ドイツ首相(左)(1954年10月) Getty Images

1　脱植民地化と欧州統合

フランスの一九五〇年代は、一方に戦後復興の完了と高度経済成長の開始、他方に各地の植民地における独立運動の高揚と脱植民地化(というよりも脱帝国化)にむけた試行錯誤という、光と影に彩られた時代であった。そして、光と影がもたらす激動に対応しきれなかった第四共和政は事実上の機能停止に陥り、ドゴールの劇的な復権と第五共和政の誕生をもたらすことになる。

諸植民地の独立

植民地問題は、すでに第二次世界大戦中に始まっていた。ドゴールは、ドイツに対する抵抗運動の拠点を植民地に置かざるをえなかった(前章第1節参照)ため、植民地住民の支持をとりつけるべく、戦勝の暁には大幅な内政自治権を付与することを約束していた。また、フランス領インドシナ植民地は日本が占領したが、日本も、これら地域の住民から支持をとりつけるべく、一九四五年になって、ベトナム、ラオス、カンボジアに独立を認め、一種の傀儡政権（ベトナム帝国、ラオス王国、カンボジア王国）を樹立した。

終戦後、まずもって問題となったのは、日本が撤退したインドシナであった。ドゴールは三国の独立を認めず、カンボジアは独立を撤回した。ラオスでは、独立かフランス領復帰かをめぐる内戦が勃発し、フランス軍の介入を招いた。結局、フランスの後ろ盾を得た復帰派が勝利し、両国はフランス連合を構成する連携国となった。

これに対してベトナムでは、世論は圧倒的に独立に傾いていた。ホー・チ・ミン（Ho Chi Minh）率いるベトナム独立同盟、通称ベトミンは、日本降伏直後、ただちにベトナム民主共和国の独立を宣言し、独立を認めないフランスと戦闘状態に入った。いわゆるインドシナ戦争の勃発である。戦争は、北部を支配するベトミンと、南部を支配するフランスのあいだで、一種の膠着状態となった。

この状態が続くなかで、フランスでは、多額の費用をかけて戦争を続けることに対する疑念がふくらみはじめた。そんなカネがあるのなら、本土の経済成長や生活改善を進めるべきだ、というわけである。一九五四年六月に成立した急進党ピエール・マンデスフランス（Pierre Mendès France）内閣は、翌月にジュネーヴで和平会談を開催し、ベトナムにおける停戦とフランス軍の撤退、さらにはラオスとカンボジアの独立に合意した。フランスにとって、インドシナは「遠い」地だったのである。

次の問題は、チュニジア、アルジェリア、モロッコという北アフリカ(通称マグレブ)三国、とりわけアルジェリアであった。マグレブは地中海をはさんでフランスの対岸に位置するため、多くのフランス人が移住し、経済的な紐帯も強いなど、重要な植民地であり、インドシナと違って「近い」地であった。しかしモロッコとチュニジアは、戦時中から活発な独立運動が展開されていたこともあり、フランス連合への参加すら拒否していた。フランスは、軍事力による弾圧、内政介入、内政自治権の付与などを試みたのち、一九五六年三月、両国の独立を承認した。

これに対してアルジェリアは、フランス軍が一八三〇年に派兵を開始し、一八四七年に全土を支配下に置くなど、植民地として長い歴史をもち、また一〇〇万人をこえるフランス人(通称コロン)が入植および居住する、フランスとしては「もっとも近い」地であった。同地はフランス連合において海外県すなわちフランス共和国の一部を構成するとされたが、一九五四年一〇月、植民地各地における独立運動の高揚を受けて国民解放戦線(Front de Libération Nationale)が結成され、ただちに武装蜂起を開始した。

かくのごとくして、フランス植民地帝国は解体の過程に入った。これは、旧植民地からすれば、独立と自治の獲得であった。他方フランスからすれば、旧植民地における独立運動に対する敗北であり、また、政治的、経済的、社会的な損得を計算した結果でもあった。

欧州統合

欧州統合は、一九五〇年五月にフランス外相ロベール・シューマン（Robert Schuman）が発表した声明、通称シューマン・プランにもとづき、翌五一年四月フランス、西ドイツ、イタリア、オランダ、ベルギー、ルクセンブルクという六カ国のあいだで締結されたパリ条約により、欧州石炭鉄鋼共同体が結成されたときに始まる。

欧州石炭鉄鋼共同体のパリ条約発効を迎えるジャン・モネ（左）とロベール・シューマン（右）（1952年7月）Getty Images

欧州統合が、フランスのイニシアチヴにもとづき、一九五〇年代はじめに、石炭と鉄鋼を対象として始まった、という事実は、統合の性格を考える際に示唆的である。

まず、欧州統合は、ドイツの暴走を許さないための安全装置として構想された。ナチス・ドイツに苦しめられたフランスが統合の音頭をとったのは、そのためである。ドイツを政治的、経済的、社会的な国際的相互依存関係のネットワークに組込むことにより、侵略主義的な政治勢力がふたたび同国に登場することを妨げようとしたのである。

また、統合は、ソ連の脅威から身を守る手段でもあった。五〇年代はじめという冷戦が激化する時期において、西欧諸国は、一刻もはやく戦後復興をなしとげ、ソ連をはじめとする東欧諸国に対抗しなければならない。統合は、そのための手段であった。

さらに、統合には、いまや世界最大の強国となった合衆国に対抗するという意思が秘められていた。欧州石炭鉄鋼共同体は、共同体加盟国が石炭と鉄鋼の生産や流通を共同で管理運営し、単一の市場を創出することを目的とする、超国家的な組織である。その中核には、ロレーヌ地方(フランス)で生産される鉄鉱石とルール地方(西ドイツ)で生産される石炭をもちいて鉄鋼を生産するという発想があった。単一市場という巨大な市場をうみだすことにより、戦後復興の促進と経済成長の開始に欠かせない製鉄業を活性化させ、合衆国と経済的に対抗することがめざされたのである。

結局、欧州統合は、ドイツ&ソ連&合衆国対策として始められたといってよい。

欧州石炭鉄鋼共同体が一定の成功を収めたことを受け、次に単一市場化が図られたのが原子力である。欧州は、一九六〇年に北海油田の開発が開始されるまでは、石油資源に乏しかったため、原子力は有望なエネルギー源とみなされた。五七年三月、六カ国のあいだでローマ条約が締結され、翌五八年一月、欧州原子力共同体（通称ユーラトム）が結成されて、原子力市場の共同化や、原子力にかかわる共同開発を進めることになった。

　また、同じローマ条約では、欧州経済共同体の結成が定められた。同共同体は一九五八年に結成され、二つの主要目的を掲げた。第一は、すべての財について、域内では関税を廃止し、域外に対しては関税率を一本化することにより、関税同盟の設立を進めることである。第二は、各国の経済政策の一本化を促進することである。これら施策により、最終的には、単一の経済政策と制度のもとで財、サービス、ヒト、資本が自由に移動する単一の経済空間、すなわち単一市場を構築することが意図された。単一市場の構築はいうにおよばず、関税同盟の導入にせよ、経済政策の一本化にせよ、これらは野心的かつ根源的なものであり、その実現には時間と労力が必要であった。実際、具体的な政策が実施に移されるには、六〇年代を待たなければならないだろう。

迷走する政治

一九五〇年代はじめの政界は、第一に共産党、第二にドゴール派であるフランス人民連合、そして第三に、社会党、共和左派連合、人民共和運動、五一年に独立派・穏健諸派が結集して設立された独立派・農民派全国センター（Centre National des Indépendants et Paysans）の四派からなる第三勢力、この三つの勢力に分裂していた。

このうち国民議会の過半数を占め、与党の座にあったのは、第三勢力であった。しかし、構成政党間に複雑な内部対立をかかえていたため、内政についても外交についても明確な政策をうちだせず、また、どの内閣も短命に終わった。人民共和運動ジョルジュ・ビドー(Georges Bidault)内閣がフランスを統べていた一九五〇年一月一日から、第四共和政における事実上最後の内閣となった人民共和運動ピエール・フリムラン(Pierre Pflimlin)内閣が総辞職する五八年六月一日までの一〇一カ月間で、一七の内閣が誕生した。内閣の平均在任期間は半年弱である。

さらに、一九五一年八月には、政策的不一致を理由として社会党が政権を離脱し、与党は共和左派連合、人民共和運動、独立派・農民派全国センターの三党となった。これら三党からなる連立勢力を「第四勢力」と呼ぶが、第四勢力は国民議会では過半数を得ていなかった。これ以後フリムラン内閣まで第四勢力内閣が続くが、それらはすべて少数与党内閣であり、重要課題ごとに他党(おもに社会党)の閣外協力を得るという不安定な政策決定方式をとらざるをえなかった。

野党のうち共産党は、冷戦が続くなかでも、一定の勢力を維持することに成功した。それは、社会主義や共産主義に対する支持というよりは、レジスタンスの記憶に拠るところが大きい。国内レジスタンスの中核を担い、それゆえナチス・ドイツやヴィシー政権の弾圧によって最大の犠牲を払ったのは同党だったからである。

これに対して、ドゴール派は一種の興亡をみせた。一九四七年に結成されたフランス人民連合は、同年一〇月の市町村議会選挙で圧勝し、五一年国民議会選挙でも二割以上の得票を得、得票率で第二党、議席数で第一党となった。もっとも、国民からの直接的な支持を重視するドゴールにとって、立法府における勢力の拡大は結果であって目的ではない。彼にとって、フランス人民連合は、政党というよりは、むしろ国民運動の母体であった。しかし、所属する国民議会議員が増加するや、同党は内部の対立や他党とのかけひきなど、他の政党とかわらなくなってゆく。五五年、ドゴールは同党を見限り、解党を宣言するとともに、政界を引退した。もっとも、彼の引退生活は、ながくは続かないだろう。

2　復興から成長へ

購買力政策と競争力政策

マーシャル・プラン援助によってモネ・プランが軌道に乗った一九四八年から、フランス経済は復興の途を歩みはじめた。翌四九年、国内総生産は、戦前の最高水準(二九年)を二〇年ぶりにこえる。

一九五二年、政府はモネ・プランの後継計画として「近代化と経済整備のための第二次総合計画」、通称イルシュ・プランを策定することを決定した。同プランは五四年三月に実施に移されるが、そこでは、モネ・プランが生産財部門を重視したことに対する人びとの不満を考慮し、消費財部門に対する配慮がなされた。具体的には、同プランの実施期間は五七年までの四年とされたが、この間に国民所得を二五%、農業生産を二〇%、工業生産を二五から三〇%、住宅建設を六〇%、おのおの増加させるという目標が設定された。そして、投資対象部門として、モネ・プランにおける六つの基礎部門のほか、農業、漁業、住宅建設業、化学工業など消費財部門や、通信業、観光業、学校など教育施設、そして病院など保健施設が挙げられた。ここには、日常生活を復興させることが必要かつ可能であるという判断がみてとれる。

また、イルシュ・プランでは、研究開発投資の促進、新しい生産装置の普及、産業構造の転換、企業の選択と集中、労働力の配置転換による完全雇用の実現、賃金の引上げなどがうたわれた。生産の拡大のみならず、競争力の向上と購買力の引上げがめざされたのである。

これら同プランの特徴は、フランス経済が復興の段階から成長の段階に移行したことを表現していた。フランスは、経済成長と、それによる統合という局面に入ったのである。

さらに、モネ・プランが資源の優先的な配分という統制的な手法を採用したのに対して、イルシュ・プランは目標の設定と労使合意の追求という誘導的な手法を選択した。同プラン後もフランスでは経済計画の策定が続くが、それらは、基本的には、緩やかな誘導的手法を採用することになる。

こうして生産された財は、国内市場と国外市場に供給され、消費される。これら市場、すなわち財の消費を担う需要側の状況をみてみよう。

まず国内市場については、経済成長を反映して、名目賃金は年率一〇％以上の割合で増加した。人びとの購買意欲が喚起され、自動車や家電の保有率は、どの社会職業範疇においても急上昇した。「生産と供給の増加、企業業績の向上、賃金の上昇、需要の拡大、さらなる生産と供給の増加」という正のフィードバックが働きはじめたのである。

つぎに国外市場、すなわち輸出については、脱植民地化と欧州統合の開始を受けて、主要市場が植民地から欧州(とりわけ欧州経済共同体)に移動しはじめた。また、輸出促進政策として、フランの切下げがくりかえされた。すなわち、対ドル固定相場制を定めたブレトンウッズ協定を批准した一九四五年末から六〇年までの一五年をみると、四八年に四四％、四九年に二二％、五七年に二〇％、五八年に二〇％、そして六〇年に一七％と、合計五回の切下げがなされ、フランの価値は四分の一以下となった。フランの切下げは、フランス製品の(ドルなど)外貨建て価格を引下げるから、国外市場におけるフランス製品の価格競争力を引上げ、輸出の増加に貢献する。このような経済政策は「競争的平価切下げ政策」と呼ばれている。

新旧中間層の軋み

経済成長は、産業部門のおのおのにおいて不均等なかたちで現れ、社会経済構造すなわち産業構造、社会構造、社会職業構造の変化をもたらした。そして、この変化は、政治にも影響を与えることになった。

産業構造の次元では、農業をはじめとする第一次産業から第二次産業・第三次産業への重心移動が生じた。一九五〇年から五八年にかけて、農業生産は一割強の増加にとどまったのに対して、工業生産は七割近くの増加を示した。ただし、農業生産のなかでも、食肉や牛乳は高い増加率を示した。牧畜業や農産物加工業の比重が増加したのである。

社会構造と社会職業構造をみてみよう。

農業部門では、農業従事者人口が減少し、離村も進んだ。ただし農業生産は増加しているから、これは、離農とともに農業経営の大規模化が進んだことを意味している。工業部門では、中間管理職や事務職員が増加した。国有化された大企業を中心として、企業規模が拡大したからである。また、弁護士、大学教員、ジャーナリストなど自由専門職や、上級管理職に含まれる職業に就く人口の割合も増加した。事務職員、中上級管理職、自由専門職は「新中間層」と呼ばれるが、一九五〇年代のフランスでは新中間層の増加という現象がみられはじめたのである。

また、経済成長により、フランス社会は流動化しはじめた。もっとも、社会的流動のありかたは、社会階層によって異なった。支配階層と、自由専門職や上中級管理職など新中間層上層部は、全体的な傾向に抗して世代間再生産（子が親と同じ社会階層に属すること）を固守せんとした。民衆層（労働者、農業労働者）と、事務職員すなわち新中間層下層部にとっては、社会的流動は、社会的上昇の可能性がひらけたことを意味した。これに対して、小農民、職人、商人など旧中間層にとっては、社会的流動性の上昇は、社会的上昇と下降の両者が生じることによる両極分解と、社会職業範疇としての解体を意味した。この現象は、職人と商人で顕著であった。

サン=トゥアンでの会合で演説するプジャード（1957年10月8日）Getty Images

社会的下降に対する旧中間層の恐怖は、経済成長政策を進める政府に対する不満として現出する。一九五三年七月、フランス南西部の小さな町サン＝セレ(Saint-Céré)で、文房具店主ピエール・プジャード(Pierre Poujade)が、地元の商店主を糾合し、税務署に対する抗議行動を始めた。税務署は民衆層(les petits)からカネをしぼりとって支配階層(les gros)に渡している、というのである。プジャード運動とよばれるこの行動は南西部を中心に急速に広まり、秋には「商人・職人防衛連合(Union de Défense des Commerçants et Artisans)」なる団体に組織化された。

商人・職人防衛連合は、一方で税務署、商工会議所、スーパーマーケットなど支配階層の手先とみなされた対象への破壊行動やデモなどの直接行動を展開するとともに、他方では国政進出を図り、一九五六年の国民議会選挙では一一％以上という得票率を実現して五〇議席以上を獲得した。もっとも、選挙後、プジャード運動は急速に支持を失ってゆく。その背景には、商人・職人防衛連合の政策が、旧中間層の擁護、既存政党に対する批判、アルジェリア独立反対など、きわめて抽象的なものにとどまったことと、そしてなによりも、運動の支持基盤をなす旧中間層の解体が進んだことがあった。

ただし、旧中間層がもつ、みずからの社会的下降に対する不安と、社会的上昇を実現してゆく新中間層に対する不満、そして既得権益を享受する支配階層への批判という三つの感情は、部分的には共産党やドゴール派によって吸収されて政治的に顕在化しつつ、社会の底流に伏在しつづける。そして、一九七〇年代の石油危機を経て、旧中間層のみならず労働者を中核とする民衆層の生活が苦しくなるや、国民戦線の躍進として再現出するだろう。実際、同党の初代党首ジャンマリー・ルペン(Jean-Marie Le Pen)は、一九五六年国民議会選挙に商人・職人防衛連合から出馬して当選し、政界にデビューしている。

マンデス革命

プジャードとおなじく一九五〇年代なかばに爆発的な支持を得たのが、急進党の政治家マンデスフランスである。

彼(一九〇七年生)は、三二年に二五歳の若さで国民議会議員に当選し、はやくも三八年に財務担当政務次官として入閣、戦時中は自由フランスに参加して国民経済相となり、終戦直後は国際通貨基金と国際復興開発銀行(世銀)の理事として国際経済秩序の創出に貢献し、五一年に国民議会議員として国政に復帰した。まさにプジャードが批判するところの支配階層である。

一九五四年六月、彼は、インドシナ戦争をめぐる混乱のなかで首相の座につき、翌七月ジュネーヴで停戦を実現した。つづいて独立運動が続くチュニジア問題の解決に着手し、ハビブ・ブルギバ(Habib Bourguiba)率いる独立派と直接交渉したすえ、同じ七月に内政自治権を付与する宣言を発して事態を収拾した。さらに、同年末にアルジェリアで独立を求める武装蜂起が生じると、マンデスフランスは独立容認を検討しはじめるに至った。その一方で彼は、西ドイツ首相コンラート・アデナウアー(Konrad Adenauer)と交渉し、仏独枢軸にもとづいて欧州統合を進めることを確認した。

内政をみると、彼は、一九五四年八月、政府主導で社会経済構造の大胆な改革を進めるべく、経済秩序特別権限を国民議会に求めて獲得した。これにより、牛乳・食肉の価格維持や商品作物栽培に対する補助金給付などによる農業の近代化、高競争力産業への資源移転や労働者の能力開発による工業の国際競争力向上、社会住宅(社会政策の一環としての低家賃住宅)の建設促進、学校の増設と教員の増員、科学研究の促進などを、政令で進めることが可能になった。まさに上からのディリジスムにより、産業の生産性を向上させ、製品の国際競争力を高めることが意図されたのである。

これら大胆な外交と内政は、首相マンデスフランスの主導のもと、場合によっては立法府の同意を得るという手続きをとることなく進められた。かくも大胆な態度を彼がとりえたことの背景には、国民の熱狂的な支持があった。実際、一九五四年八月になされた世論調査では、内閣支持率は六二%、不支持率はわずか七%であった。彼もまた国民から支持を得ることの重要性を認識し、ラジオ演説などをつうじて国民に直接訴えかけることを好んだ。ここには、ドゴールのスタンスとの類似性がみてとれる。

マンデスフランス内閣は、一九五五年二月、アルジェリア独立の検討を不服とする国民議会多数派が内閣不信任案を提出・可決したことを受けて、総辞職した。わずか七カ月間という首相在任期間であったが、彼の内閣の実績は、今日でも「マンデス革命」として人口に膾炙している。

経済成長は社会経済構造の変容をもたらさざるをえない。そうであれば、上からのディリジスムにより、この変容を望ましい方向に誘導するべきだ、というのが、マンデスフランスの基本的な発想であった。彼にあっては、脱植民地化の推進も、欧州統合の促進も、社会経済構造改革の手段であった。

マンデス革命の目標の中核をなしたのは、旧中間層の階層分化を、打撃や被害を最小限に抑えつつ、実現および促進することであった。これは、旧中間層を支持基盤とし、経済的自由主義政策を唱道していた急進党の性格を根本的にかえることを意味し、いまや急進党は分裂含みとなる。また、旧中間層の階層分化は不可避であると考える点で、マンデスフランスはプジャードと対立する。

経済の組織化による経済成長と生活水準向上という目的の共有によって統合されるかにみえたフランスは、またしても分裂の相をみせはじめたのである。

3　第五共和政の成立

アルジェリア戦争

アルジェリアは、植民地として長い歴史をもち、多くのフランス人が入植し、第二次世界大戦中はドゴールの重要な支持基盤をなしていた。また、一九五六年にアフリカ最大のハシメサウド(Hassi Messaoud)油田が砂漠地帯に発見されたため、その独立は紆余曲折を経ることになった。本土のフランス人、コロン、そしてアルジェリア人が、おのおの独立支持派と反対派にわかれ、さらに独立支持派の中核をなすアルジェリア人のなかに複数の党派が存在して主導権争いを繰広げるなど、対立と協力の複雑な関係をおりなしたからである。

独立運動は二〇世紀初頭に始まるが、本格化するのは第二次世界大戦後である。運動を担ってきた人びとは、フランス政府による弾圧のなかで、団結の必要を感じるようになった。一九五四年、国民解放戦線が結成され、一一月には武装蜂起に訴えた。アルジェリア戦争の開始である。

この事態に対し、フランス政府は、独立を念頭に置いた交渉を開始するか、蜂起を武力で鎮圧するか、という二つの選択肢のあいだでゆれうごいた。ただし、前者の選択肢をとる場合でも、国民解放戦線が停戦に応じて武装蜂起をやめることが大前提であり、これは戦線側には受容できない条件であった。かくして、蜂起と鎮圧といういたちごっこがズルズル続くという状況が生じた。さらに、一九五八年二月、国民解放戦線の拠点を空爆するという名目でフランス空軍機がチュニジアに領空侵犯し、事態の悪化を憂慮した英米が和解の仲裁にのりだすに至り、状況は混迷の度を深めた。アルジェリアに派遣され駐留していたフランス現地軍が、政府が独立容認に傾くのではないかと疑いはじめたからである。

アルジェでの反乱（1960年12月1日）Getty Images

　同年五月、独立容認派フリムランの組閣という報を聞いた独立反対派のコロンは、中心都市アルジェで暴動に訴えた。現地軍もこれに同調し、アルジェリア統治をめざす公安委員会を組織した。同委員会は、政府に対して、パリにも公安委員会政府を樹立することを求めた。現地軍は、本土の権力を奪取することを念頭に置き、コルシカ島を占領した。さらに、本土の一部部隊の協力もとりつけ、パリにパラシュート部隊を降下させて制圧するこ

アルジェリア和平を訴えるサルトル(前列左から2人目)とシモーヌ・ド・ボーヴォワール(その右)(1961年11月1日) Getty Images

とを計画した。事態はクーデタの様相を呈してきた。

これに対して政府は非常事態宣言を出し、現地軍、独立反対派コロン、一部本土部隊と全面的に対決する姿勢を示した。また、実存主義を代表する哲学者ジャンポール・サルトル(Jean-Paul Sartre)や、ポストコロニアリズムの先駆者フランツ・ファノン(Frantz Fanon)など、多くの知識人は、アルジェリア独立を支持する論陣を張り、あるいは、みずから国民解放戦線に参加して独立戦争を戦った。

問題は本土の世論の動向であった。まず、アルジェリアの独立の是非については、賛否が拮抗した。これは、この問題をめぐり、国民がふかく分裂していたことを意味している。他の植民地については独立支持が多かったことを考慮すると、やはり「とくに近い地」アルジェリアは別格だったのだろう。また、政府にとってさらなる憂慮の種は、政府のアルジェリア問題解決能力に対する不信が高まってきたことであった。一九五七年秋の世論調査では「信頼できない」が「信頼できる」をおおきくこえるに至った。分裂しつつも政府不信で一致する世論を前にして、フリムラン政権は手詰まり状態に陥った。

ドゴールの復活

アルジェリア戦争がもたらした危機がこれほど深刻になった原因は、経済成長がフランス内部にもたらした二つの分裂が共鳴しあったことにある。

すなわち、経済の組織化による経済成長という目標のもとに統合されていたはずのフランスは、実際に経済成長が始まるや、そのありかたをめぐり、二つの次元で分裂しはじめた。第一に、経済成長は社会経済構造の変容を伴うべきか。とりわけ、旧中間層の階層分化と解体を黙認あるいは促進するべきか、それとも政策的に緩和さらには阻止するべきか。第二に、経済成長に必要な製品市場は、国外についてはどこに求めるべきか。植民地とりわけアルジェリアか、それとも統合が進む欧州をはじめとする国際市場か。

そして、プジャードやマンデスフランスの政策的スタンスをみればわかるとおり、この時期、二つの対立軸は相互に連関していた。ここに、脱植民地化と社会経済構造改革によって経済成長を加速させるか(マンデスフランス)、主要な植民地と既存の社会経済構造を維持しうる経済成長のありかたを模索するか(プジャード)、という政策対立が生まれる。この対立が、アルジェリア独立の是非として現出したのである。

じつは、第四共和政諸政府が採用してきた競争的平価切下げ政策は、この対立を抑えこむ役割を果たしてきた。平価切下げによる輸出促進効果は全産業部門の製品とすべての国外市場に及ぶため、この政策が順調に機能するかぎり、社会経済構造改革の必要性や製品市場の選択についてふかく考える必要はなかったからである。一九五八年の危機は、競争的平価切下げ政策の限界を示すものでもあった。

こういった危機の歴史的背景と意義を考慮すれば、フリムラン政権が万策尽きたのはやむをえなかったというべきだろう。

危機に対処するには、まずは分裂せるフランスを統合しなければならない。統合の手段として想起されたのは、またもやレジスタンス神話と、それを体現するドゴールであった。アルジェリア独立反対派は植民地帝国フランスの栄光を、独立支持派は新たな社会経済構造をそなえた経済大国フランスの栄光を、おのおの(勝手に)彼のなかに見出し、その実現を彼に期待したのである。

フランスの栄光を第一に考えるドゴールにとっても、国内の分裂はフランスの弱体化につながり、好ましいことではなかった。彼は、内閣に対する全権委任と新憲法の制定を条件として国政を担う意思があることを表明し、国民議会多数派の同意と、そして国民からの圧倒的な支持を得て、一九五八年六月、首相に再登板した。フランス共和国臨時政府首席を辞任してから一二年、政界を引退してから三年がたっていた。

ドゴールは、当初は、アルジェリア独立の是非について明確な方針をもっていなかった。それゆえ、一方では、首相就任後ただちに軍部の粛清にのりだし、クーデタの芽を摘みとった。他方では、国民解放戦線と、一九五八年九月に同戦線が発足させたアルジェリア共和国臨時政府に対する武力鎮圧は、依然として大規模に継続した。

そのうえで、ドゴールは、フランスにとってのアルジェリア独立のメリットとデメリットを慎重に計算し、徐々に独立容認に傾いた。翌一九五九年九月、彼は、アルジェリアに内政自治権を与えるか否かを問う国民投票をフランス共和国を構成する各地で実施することを提案した。六一年一月に実施された国民投票は、七五％という多数で内政自治権付与を承認した。ドゴールは、国民投票の結果を支えとして、内政自治権の付与から、さらには独立の可否までを議論の対象として、臨時政府と直接交渉に入った。

交渉は独立容認でまとまり、翌一九六二年三月、フランス政府と臨時政府は、停戦、独立、コロンの財産権の保護を内容とする、通称エヴィアン協定を締結した。四月、フランス本土で、協定の承認の是非を問う国民投票が実施され、九〇％以上の支持を得た。七月、アルジェリアで「エヴィアン協定の規定内でフランスと協力する独立国家」となるか否かを問う国民投票が実施され、独立は九九％以上という圧倒的な支持を得た。二つの国民投票の結果を受けてドゴールはアルジェリアの主権を認め、アルジェリア独立が完了した。

憲法制定

ドゴールによれば、アルジェリア独立をめぐる危機はフランスの栄光を毀損する事態であり、この事態を招いたのは政治の混迷であり、そして、政治の混迷は行政府に対する立法府の優位を規定した憲法に起因した。それゆえ彼は、新しい憲法の制定を、首相再登板の条件としたのである。首相に就任したドゴールは憲法草案の策定を急ぎ、三カ月後の一九五八年九月に閣議決定にもちこむやただちに国民投票を実施し、八〇%ちかい支持を得た。これをもって第四共和政は幕を下ろし、第五共和政が始まった。翌年一月、ドゴールは大統領に就任する。

新しい憲法の主要な特徴は、大統領をトップとする行政府が立法府に対して圧倒的な優位に立つとされたこと、脱植民地化の進行を反映して、フランス連合が「フランス共同体(Communauté Française)」に改組されたこと、この二点である。

まず前者をみると、大統領は(第四共和政憲法では両院合同会議が選出すると定められていたが)両院合同会議、県議会、海外県議会、海外領土議会の議員と、市町村議会の代表とからなる選挙人団によって選出され、任期は七年とされた。さらに、一九六二年一〇月、大統領を(第一次投票で過半数を獲得した候補者がいない場合は、上位二者で第二次投票を実施する)二回投票制直接選挙で選出することを定める憲法改正案が国民投票に付されて可決され、大統領の正統性はさらに増した。大統領は、閣議を主宰する行政の長にして軍隊のトップであり、首相の任命、国民議会の解散、緊急時における必要な措置の実施(緊急権)、国民投票の発議、条約の締結など、広範かつ強力な権力を保持する存在となった。

立法府については、上院(Sénat)と国民議会(下院)からなる二院制が採用された。このうち上院については地方自治体の代弁者という位置が与えられ、地方議会の代表が有権者となる間接選挙制が導入された。また、議員職と大臣職は兼務できないことになり、立法府の地位はおおきく低下した。ドゴールは、この条項を利用し、官僚をはじめとする非議員を首相その他大臣に登用してゆく。内閣と閣僚の脱議会化である。

もっとも、ドゴール派政党がなかったわけではない。一九五八年一〇月、新共和国連合(Union pour la Nouvelle République)が結成され、院内でドゴールを支えることになった。

つぎに後者については、フランス連合の構成要素のうち、フランス共和国をなす本土、海外県、海外領土は存続したが、連携国と連携地域は成員国として一本化され、共和国とともにフランス共同体を構成するとされた。成員国は内政自治権を認められ(第七七条)、また独立してフランス共同体を脱退できる(第八六条)とされた。また、海外領土は、現状にとどまる、海外県になる、成員国になる、という三つの選択肢が与えられた。さらに一九六〇年には憲法が改正され、成員国は共同体にとどまりつつ独立することも認められた。

かつての連携国および連携地域のうち、インドシナ三国はすでに独立していた。サブサハラを中心とする海外領土のうち、ギニアはフランス共同体への参加を拒否し、一九五八年一〇月に独立した。残りの海外領土のうち、サブサハラを中心とする大部分は成員国に移行したが、六〇年になると、成員国マダガスカルが独立したことに刺激を受け、六月から一一月にかけて、すべての成員国が独立した。いわゆる「アフリカの年」である。かくしてフランス共同体は単なる名目上の存在となった。

フランス共同体の事実上の消滅は、フランス植民地帝国の解体が完了したことを意味した。ただし、だからといって、フランスが大国でありつづけるという野望を放棄したわけではない。脱植民地化を推進するフランスの目は、いまや、統合進む欧州にむけられてゆく。フランスは、植民地帝国ではなく統合欧州の盟主となることを選択するのである。

第3章
近代化の光と影
—1960年代—

パリ大学ナンテール校を占拠する学生たち（1968年3月）Getty Images

1 「栄光の三〇年」

ゴーリスム

一九五九年一月に第五共和政初代大統領に就任したドゴールは、首相にミシェル・ドブレ(Michel Debré)を選んだ。ドブレは、レジスタンス以来一貫してドゴールの忠実な部下であり、この人事は順当なものであった。しかし、三年後の六二年四月、エヴィアン協定でアルジェリアの独立がほぼ確定した(前章第3節参照)のを受けて、ドゴールはドブレを更迭してジョルジュ・ポンピドー(Georges Pompidou)を首相に任命した。ポンピドー(一九一一年生)は、ドゴールの側近ではあったが、中等学校教員、官僚(国務院訴願審査官)、銀行家、憲法院委員という経歴が示すとおり、政治経験は皆無であった。

この首相交代は、フランスの栄光の実現をめざすドゴールの政策思想、通称ゴーリスム(ドゴール主義)における二つの断絶を表している。

第一に、ドゴールは、非政治家を首相に据えることにより、みずからが行政府を支配することと、国政の運営に際して立法府の意向を重視しないことを表明した。これは、フランスの栄光の実現には立法府に対する行政府の優位が必要であるという政策判断の帰結であり、また、立法府の優位を特徴とする第四共和政との断絶をはっきりと表現するものである。

第二に、それ以上に重要なのは、ドブレは、個人的にはアルジェリアの独立に反対していたことからわかるとおり、フランス植民地帝国や旧中間層に親近感をもち、両者の解体につながる社会経済構造改革には消極的であった。これに対して、ポンピドーは、官僚や銀行家を歴任し、社会経済構造改革が必要であることを認識していた。ドゴールは、首相を交代させることにより、社会経済構造改革によるフランスの栄光の追求というスタンスを選択したことを明らかにしたのである。そして、これはまた、政治勢力としてのドゴール派が、支持基盤から旧中間層を切離すことを意味していた。

ただし、フランスの栄光を追求するには、幅広い社会階層から支持を調達することが必要である。ドゴールは、旧中間層を切離す一方で、労働者をはじめとする民衆層から支持を調達するべく「参加(participation)」政策を推進した。彼がいう参加の中核に置かれたのは労働者の企業経営参加であり、ここには下からのディリジスムを部分的に採用せんとする意思が読取れる。具体的には、無償株式譲渡(一九五九年)や、従業員による取締役選任(六六年)などが法制化された。もっとも、これら制度の導入は任意であり、経営に対する労働者の介入を嫌う経営者の反発もあって、実際にはなかなか浸透しなかった。ドゴールに対する民衆層の支持は、徐々に弱まってゆく。

そうだとすれば、労働者など民衆層の不満は、ストライキとして爆発するか、共産党など彼らを代弁する政党の介入によって政治的に解決されざるをえない。フランスにおけるストライキの激しさと、一九六〇年代における共産党の支持率の高さは、ここに起因している。

また、フランスの栄光を追求し、誇示する場面として最適なのは、外交政策の領域である。ドゴールは、基本的には合衆国側に立ちつつも、冷戦以来の米ソ二大国による国際秩序の構築と支配に反発し、核実験(一九六〇年二月)と核軍備、中華人民共和国の承認(六四年)をはじめとするアジア・アフリカ・ラテンアメリカ諸国への接近、北大西洋条約機構(NATO)における英米の優越に対する反発にもとづく同機構軍事部門からの一時的かつ部分的な脱退(五九年、六六年)など、独自の外交政策と、それを支える軍事力増強政策を推進した。

ただし、一国で米ソに対抗することは、事実上不可能である。ドゴールは、統合欧州を支持基盤とすることを選択し、その中軸に西ドイツとの緊密な協調を置いた。ここにも「植民地から欧州へ」という政策の重心移動がみてとれるが、これはマンデスフランス以来の仏独枢軸路線の踏襲であり、一九六三年一月には両国間で友好条約が結ばれた。これに対してイギリスについては、ドゴールは一貫して距離をとった。すなわち、六〇年代に入るとイギリスは欧州経済共同体に加盟する意思を示すようになったが、ドゴールは、六三年一月と六七年一一月の二度にわたり、イギリスが統合欧州よりもイギリス連邦（コモンウェルス）および合衆国を重視していることを理由として、加盟申請に拒否権を行使した。イギリスの加盟が実現するのは、一九七三年のことである。

かくして、一九六〇年代には、社会経済構造改革の推進と、統合欧州を背景とした独自の外交政策を特徴とし、支配階層と新中間層を主要な支持基盤とする政策路線であるゴーリスムが、はっきりとした姿をとって登場する。

欧州統合の深化

一九五〇年代に設立された三つの欧州機関（欧州石炭鉄鋼共同体、ユーラトム、欧州経済共同体）のうち、もっとも重要なのは、政策的な対象範囲がもっとも広い欧州経済共同体であった。ローマ条約（五七年）は、同共同体の最終目標として単一市場の構築と経済政策の一本化を掲げ、その第一歩として、一二年かけて域内関税を撤廃するとともに域外関税を一本化して関税同盟を実現することと、農業、交通機関、貿易の三領域における政策のすりあわせを進めることを定めた。

前者については、フランスをはじめ加盟六カ国が高水準の経済成長を続けたため、目標を前倒して、一九六八年には関税同盟が完成した。

後者については、まず農業部門について、一九六二年七月、共通農業政策が実施に移された。同政策は、市場統合、欧州経済共同体による特恵措置、財源の一体化という三つの原則のもとに進められることになったが、統一価格の決定(市場統合)にせよ、価格下落を防ぐための市場介入や補助金の支出(特恵措置)にせよ、それらに必要な財源の確保(財源の一元化)にせよ、どれも一国の次元では実施しがたいものであった。それゆえ、欧州経済共同体に置かれた閣僚理事会、議会(任命制の諮問機関)、委員会など諸機関が、同政策の実施主体となった。

共通農業政策は、加盟国の多くが重要な農業部門をかかえていたこともあり、欧州経済共同体の任務の中核をなすことになった。実際、一九六〇年代末まで、同共同体の支出のほとんどは共通農業政策にかかわるものであった。とりわけフランスは、五〇年代末から小麦の過剰生産に直面したため、共通農業政策を利用して西ドイツに小麦を売り、その代金で西ドイツ製工業製品を輸入することをめざした。経済領域における仏独枢軸路線ともいうべき両国の関係は、当時「西ドイツ工業とフランス農業の結婚」と呼ばれた。

だからといって、フランスが工業化を諦めて欧州の農産物供給地となることを選択したわけではない。フランスが、戦後一貫して競争的平価切下げ政策を採用し、社会経済構造改革なき経済成長を志向するとともに実現してきたことはすでに述べた。しかし、第五共和政に入り、ドゴール政権は、社会経済構造改革を進める方向に舵を切った。ただし、視野に入りはじめた社会経済構造改革には痛みが伴うから、改革を進める口実が必要である。ドゴールは、この口実を、欧州統合に見出した。統合欧州が自由競争市場となるからには、フランス工業は他の加盟国に負けない生産性を備えなければならない。そのためには社会経済構造の改革が必要だ、というわけである。

こうして、国益のために欧州統合を進めるフランスの思惑などのもと、欧州統合は深化してゆく。一九六七年七月には、ブリュッセル条約(六五年四月締結)により、三つの欧州機関は閣僚理事会、議会、委員会を共有し、予算を一本化することになった。これ以降、三者はまとめて欧州共同体(正確には複数形の欧州諸共同体 European Communities)と通称されることになる。

産業政策

フランスの経済活動は、いうまでもなく、統合欧州の内部だけで完結しうるものではない。一九五八年一二月にはフランと外貨の交換が自由化され、六一年五月には欧州経済共同体が域外関税を大幅に引下げるなど、五〇年代末から六〇年代前半にかけて、フランス経済は世界自由貿易体制に(再)参入し、協力と競争という二面的な関係を世界各国と取結ぶことになった。この状況のなかで、ゴーリスムの最終目的であるフランスの栄光を追求するのであれば、産業の国際競争力の強化、高い生産性を期待できる企業の育成、低競争力部門から高競争力部門への資源移転による産業構造転換など、総じて社会経済構造改革が必要である。

ドゴール政権は、上からのディリジスムにもとづき、この課題を実現しようとした。その特徴は、以下の二点にある。

第一の特徴は、経済計画の策定が続けられ、改革のロードマップとして位置づけられたことである。モネ・プラン（一九四七―五三年）、イルシュ・プラン（一九五四―五七年）にひきつづき、「近代化と経済整備のための第三次計画」（一九五八―六一年）、「経済社会開発第四次計画」（一九六二―六五年）、そして「経済社会開発第五次計画」（一九六六―七〇年）が策定され、国家介入を正当化した。

第三次計画では、地域間不均衡に対する関心から、経済的後進地域の開発が主要目標のひとつとなり、のちに一九六三年、その実施機関として国土開発・地域行動委員会が設置された。第四次計画では、名称の変更が示唆するとおり、成長だけではなく分配の側面も計画の対象となった。第五次計画では、物価と賃金水準が計画の対象に加えられた。このように対象が拡大するにつれ、計画は、国家による資源の優先的配分（モネ・プラン）、目標設定と政策的誘導のプログラム（イルシュ・プラン）から、各種指標の将来予測にもとづく政策提示へと、その性格をかえてゆく。

第二の特徴は、世界をリードする先端的な産業や企業を育成するため、国家が主導して中核的な企業（ナショナル・チャンピオン）を設立したことである。これはまさに、典型的な産業政策である。まず、各産業部門の体力を強化するため、政府主導のもとに企業の再編と集約化が進められた。具体的には、業種別計画と呼ばれる政策が策定され、それにもとづいて、鉄鋼業、化学工業、造船業、機械製造業などで、企業を集約してグループ化する協約が結ばれた。また、国家が支援する集積回路製造企業の設立と情報技術者の育成計画からなる「プラン・カルキュル」や、西ドイツとの合弁による旅客機製造企業エアバス社の設立（一九七〇年一二月）など、野心的な巨大企業設立が進められた。

これらナショナル・チャンピオンや公的研究所を主要な担い手として、独自の先端技術や製品がうみだされた。前者の例としては、電話回線を利用した情報伝達システム（のちのミニテル）の研究開発や、原子力発電における独自技術である黒鉛減速ガス冷却炉の開発、後者の例としては、仏英共同による超音速旅客機（コンコルド）の開発製造が挙げられる。

農業部門においても、合理化、技術革新、経営の集約と大規模化が進み、一九六〇年代を経て、農業は、ワイン、乳製品、食肉および食肉加工品、小麦などを主要商品とする一大輸出産業となった。

そして、これら成長する諸産業に労働力を供給するべく、南欧諸国や、のちにマグレブ諸国から、大量の移民が受入れられた。

終戦に始まり、五〇年代をつうじて進んだ経済成長は、六〇年代に加速する。七〇年代に生じた二度の石油危機によって終止符を打たれるまで長きにわたって続く経済成長は、のちに(一八三〇年の七月革命が「栄光の三日間」と称されたことをもじって)「栄光の三〇年」と呼ばれることになる。

2　近代化のなかで

ライフスタイルの変容

栄光の三〇年は、人びとの日常生活にも大きな影響を与えた。二一世紀の先進国・日本という時空間に生きるわたしたちのライフスタイルを近代的(モダン)と形容するとすれば、一九六〇年代、フランスに住む人びとのライフスタイルは近代的になってゆく。いわゆる近代化の進展である。

日常生活の近代化においてとりわけ注目するべきは、次の二点である。

第一に、離村と離農を受けて、人びとが都市に移住し、住民人口や経済活動など諸指標における都市の割合が高まった。終戦時には都市人口と農村部人口はほぼ同じであったが、一九六〇年代末には、フランス人の三人に二人が都市に住んでいた。また、国土に占める都市空間の割合は、五四年から七五年にかけて倍増した。この都市化現象は、パリへの人口集中が政策的に抑制され、またパリは(狭くて)大量の流入人口を受入れる余裕がなかったため、おもに、パリ周辺部のニュータウンや地方中核都市など、人口五万人から数十万人の都市における人口増加をもたらした。

都市に居住することは、人びとのライフスタイルの変容をもたらさざるをえない。職住分離が進み、人びとは自家用車や公共交通機関で通勤するようになった。この事態は、自動車の普及や公共交通機関ネットワークの充実をもたらす。また、パリや地方中核都市の周辺部すなわち郊外(バンリュー)には、大規模な公営あるいは民営の集合住宅(団地)が建設され、賃貸や分譲に供された。とくに一九五八年末の政令で導入された優先都市化地域(Zone à Urbaniser en Priorité)制度は、五〇〇〇戸以上の団地を建設する計画に対してさまざまな優遇措置を認めるものであり、バンリューにおける巨大団地地区の形成を促進した。

ただし、一戸建て住宅に慣れていた人びとにとって、コンクリート造りの高層住宅に住むのは未経験の事態であり、団地生活は好評を博さなかった。金銭的余裕ができた人びとはバンリューの団地を去り、都市中心部の低層住宅や都市農村境界地域の一戸建て住宅に転居した。公営と民営と分譲とを問わず、団地所有者は十分なメンテナンスを施さない(予算不足で施せない)

ようになった。一九七三年三月、国土整備・住宅相オリヴィエ・ギシャール(Olivier Guichard)は、団地建設促進政策の失敗を認め、一地区に二〇〇〇戸以上という大規模な団地の建設を禁止する省令を発した。バンリューの団地は見捨てられ、荒廃し、やがて、都市問題(question de la ville)と呼ばれる社会問題の舞台となる。

第二に、労働者など民衆層も含めて人びとが豊かになったことと、耐久消費財産業が発達したことを受けて、人びとの日常生活がこれらモノにとりまかれるようになった。人びとの支出をみると、食品や衣類に対する支出の割合が減少し、家電や自動車など耐久消費財支出の割合が増加した。一九六〇年代末には、九割以上の家庭が冷蔵庫を備えたほか、洗濯機やテレビなどの家電は生活必需品となった。

また、自動車も、職住分離を余儀なくされる都市人口の通勤手段として、あるいはバカンスなどの際の長距離移動手段として、急速に普及した。道路の整備をみると、一九六〇年には高速道路建設計画が策定され、七五年までに約二〇〇〇キロが建設された。

かくして、都市に住み、自動車や家電などモノにかこまれて職住分離の生活を送るという近代的なライフスタイルが、ひろく受容されてゆく。

近代的な社会では、人びとの社会的地位は、生まれではなく能力によって決定される（メリトクラシー）。そして、能力を活用して業績を積重ねることにより、社会階層構造のなかで地位を上昇させてゆく（社会的上昇）。能力は、生まれとは関係なく、ランダムに付与されると仮定できるから、社会が近代化すると、理論上は、社会的流動性は上昇する。逆にいえば、近代的な社会の中核にある原理は社会的流動である。

ただし、一九六〇年代、さらには広く戦後のフランスでは、社会的流動のありかたは社会階層によって相異なる姿をとった。また、そのことを反映して、近代化の担い手も独特の性格を帯びた。

そもそも貧富格差すなわち経済的不平等をはじめとする社会的不平等は、経済成長著しい六〇年代においても、大きかった。七〇年の時点で、年収一〇万フラン以上は人口の一％であり、その対極には最低賃金（約一・五万フラン）以下で生活する約一〇％の人びとがいた。さらに、資産（ストック）でみると、国内総資産の約半分が人口の五％によって所有されていた。

社会的流動についていうと、六〇年代末になっても、世代間再生産率は高いままであった。ただし、その一方で、新しい現象が社会の前面に姿を現しはじめた。すなわち、新中間層下層部にあたる事務職員の子弟の三割強、労働者の子弟の一五％程度が、上中級管理職の地位を得ていたのである。この現象は、五〇年代にはほとんどみられないものであった。社会的流動は、経営者など支配階層は別として、部分的には進行あるいは加速していたといってよい。

　近代化の担い手は支配階層、具体的には経済領域における経営者、行政領域における官僚、そして政治領域における政治家である。フランスでは、社会的不平等が存続し、また大量現象としての社会的流動が支配階層に届かなかったことを背景として、政官財における支配階層が単一の社会集団を形成するという現象がみられた。彼らは、家族や親族や姻戚などの関係を取結んだり、経営者の子弟が官僚になるなど世代間職業移動をおこなったり、学校や居住地で知りあったりした。さらに、官僚の民間出向制度が活発に利用されたことと、ディリジスムの影響のもと公共企業が多かったことを反映して、政官財の人事交流が盛んにみられた。かくして支配階層の中核には、緊密な人間関係にもとづく職業横断的な社会集団、いわゆる「政官財トライアングル」が形成された。

　政官財トライアングルの成員には、国家介入によって経済成長をはじめとする近代化を進めるべきだし、進めうる、とする思想を受容したテクノクラートが多かった。上からのディリジスムにもとづく経済政策を推進したのは彼らであり、また、上からのディリジスムが政策として採用されたことは彼らの思想形成に影響を与えた。

　彼らを養成する場となったのが「グランゼコール（grandes écoles）」と呼ばれる高等教育機関である。グランゼコールは、日本の中高に相当する中等学校を卒業後、二年間の準備学習と激烈な入学試験を経て、はじめて入学が許される仕組みをとり、とりわけ国立行政学院、高等師範学校、理工科学校の三校は別格のエリート養成校であった。これら学校の在学生は、ディリジスムやメリトクラシーを称揚する思想を身につけ、学生間で人間的紐帯を育み、卒業して政官財界に散るも、政官財トライアングルに参加しつつ、その強化に資した。彼らが共有する思想は、被支配階層からすれば金太郎飴的な均質性を特徴とするものであり、揶揄的に「単一思考(パンセ・ユニーク)」と呼ばれた。

政官財トライアングルの成員は、メリトクラシーなど社会的流動を前提とする現象を支持する単一思考を唱道しながら、しかし、みずからは社会的流動に乏しい(世代間再生産率が高い)階層をなす。彼らが体現する矛盾に対する不満は、一九六八年に爆発するだろう。

福祉国家

国民の一割が最低賃金以下で生活し、また支配階層の世代間再生産率が高いという状況は、民衆層を国民として統合することを課題とする支配階層にとっては、かならずしも好ましいものではない。民衆層の不満、とりわけ経済的な不満は、なるべく早い段階で吸収しておかなければならないからだ。ここで着目されたのが、さまざまな社会保障制度をくみこんだ国家、すなわち福祉国家である。

社会保障制度については、すでに、社会権の保障をうたう第四共和政憲法の制定と並行して、この規定を具体化する法制度の整備が進められていた。一九四五年一〇月、憲法制定国民投票とほぼ同じ時期に、それまで乱立あるいは分立していた社会保険諸制度を整理し、出産、児童期、労働災害、疾病、老齢など、生活にかかわるもろもろのリスクに対処し、原則としてすべての国民を対象とする社会保障金庫を基礎、地域、全国の三段階で設置する政令が出された。社会保障金庫は、国家(省庁)、労働者、経営者の代表からなる理事会によって運営され、労働者と経営者双方による保険料の拠出すなわち保険形式によって社会保障(セキュリテ・ソシアル、愛称セキュ)を提供するとされた。これは、国民経済の運営に対する労働者の参加も意味していた。

しかしながら、この政令は政策目標を定めた一種のプログラム規定であり、その具体化と実質化が進んだのは一九六〇年代のことである。

そもそも、セキュは、当初、失業のリスクを考慮していなかった。一九四五年政令の時点で、またその後しばらくのあいだも、失業は社会保障上の問題とみなされなかった。戦後復興から経済成長に至る栄光の三〇年は、ほぼ完全雇用を実現していたからである。しかし、現実には、失業者はつねに存在するし、失業の可能性はだれにでも存在するだろう。ようやく五八年一二月、賃金を財源とする失業保険が制度化され、失業保険制度を運営する主体として商工業雇用協会(Association pour l'Emploi dans l'Industrie et le Commerce)が、セキュとは別に設置された。そして、六〇年代後半に入り、失業補償の導入(六六年、六八年)、公的支出の開始(六七年)など、失業保険の実質化が進められた。

老齢保険すなわち年金についても、当初セキュが想定していた保障水準は低く、各産業部門の労使は、可能であれば、合意によって補足年金制度を導入する傾向にあった。ただし、同制度は、持続可能性が(リスクの大きさに左右されるので)部門によって異なるため、部門間の調整が必要となる。労働者の補足年金制度の部門間調整に関する労使協定が結ばれたのは、一九六一年のことだった。

公的扶助についても、一九六四年七月、実務すなわち保健福祉活動は県が担当するとされ、県庁内に担当部局を設置することが定められた。公的扶助は伝統的に市町村の管轄下にあったが、市町村は(一部の大都市を除き)財政基盤が弱く、十分な公的扶助の供給は困難であった。県が保健福祉活動に乗出すことになって、はじめて実質的な公的扶助が可能となったのである。

こうして、いち早く終戦直後に定められた社会保障のプログラム規定は、ようやく一九六〇年代に実質化され、具体化されてゆく。ここに、フランスにおける福祉国家の確立がみてとれる。福祉国家とは、民衆層にとってはセーフティネットの整備であり、支配階層にとっては民衆層の不満を吸収して国民統合を進める手段であった。

3 五月危機

ベビー・ブーマー世代

ライフスタイルの近代化と福祉国家の確立は、人びとの心性（メンタリティ）にも影響を与えずにはおかなかった。すなわち、都市化によって職住が分離すると、私生活は労働の場からきりはなされる。また、家電など各種製品が普及すると、「モノを買う存在」というアイデンティティが強くなってゆく。私生活においてモノを買う存在というのは、つまり消費者である。支配階層のみならず労働者など民衆層までがみずからの消費者アイデンティティを認識し、その一方で、経済成長と技術革新に伴って、消費行動の対象たるモノが安価で大量に供給される。このような社会を大衆消費社会と呼ぶとすれば、一九六〇年代は、フランスで大衆消費社会が確立した時期であった。

大衆消費の対象には、モノのみならず各種のサービスも含まれる。この時期、大衆消費の対象となったサービスの代表的な存在が、教育とりわけ中高等教育である。公立の中等学校に通う生徒の数や、大学生の数は、ともに一九六〇年代の一〇年間で約三倍となった。

このように進学率が急速に上昇したことには、二つの背景があった。第一に、経済成長に伴い、子弟に中高等教育を受けさせる経済的余裕と、中高等教育にはメリットがあるという認識が、民衆層の一部にまで生まれてきたことである。第二に、四七年から五〇年まで、フランスでは〇・八%ちかい高率の人口自然増加率がみられ、また五〇年の合計特殊出生率は約三に達したが、この時期に生まれた大量の子どもたち、通称ベビー・ブーマー(日本の団塊の世代に相当する)が、六〇年代に入って中高等教育の学齢期にさしかかったことである。

ベビー・ブーマー世代は、英米の圧倒的な影響下に、先行世代と異なる文化を産出し、受容した。とりわけ、ラジオ、レコード、そして一九五〇年代から六〇年代にかけて普及するテレビを経由して、英米の音楽やショーが、彼らのあいだに、社会階層間で程度の差はあれ広まった。その代表的な存在が、まさに五九年末に登場して一世を風靡する音楽「イエイエ(Yé-yé)」である。これら文化はのちにポップ・カルチャーと呼ばれることになるが、ポップ・カルチャーは世代間の文化的断絶を印象づける役割を果たした。

「イエイエ」の旗手，シルヴィ・ヴァルタン(1968年) Getty Images

ベビー・ブーマー世代は、物心ついたと

きから経済成長の恩恵を受け、都市化にもとづく近代的なライフスタイル、大衆消費社会的な心性、そしてポップ・カルチャーという新しい文化を身につけ、教育の効用を信じて進学してゆく。しかし、中高等教育の供給側をみると、その拡充は大幅に遅れていた。とりわけ高等教育進学者の大多数を受入れるはずの大学は、エリート養成機関であるグランゼコールの整備が優先されたこともあり、施設環境は十分なものではなかった。また、供給される教育の内容も、ベビー・ブーマー世代の新しいライフスタイル、心性、文化を考慮に入れない、旧態依然たるものであった。そのようななか、大量のベビー・ブーマーが生徒や学生として登場したのである。

学生反乱、ゼネスト

この事態に対して、政府も無策だったわけではない。一九六六年六月、文相クリスチャン・フーシェ(Christian Fouchet)は、入学二年後に試験をおこない、学士課程(一年間)進級者と修士課程(二年間)進級者を選別する、という大学改革を翌年度から実施する政令を発した。しかし、この対策は、入学後の選別によって大学のパンクを避けるというものであり、大学教育の質と量に対するベビー・ブーマー世代の不満を解消するにはほど遠かった。彼らが閉塞感を抱いたことは想像に難くない。

この不満と閉塞感は、一九六八年三月、パリ大学ナンテール校における校舎占拠運動に結晶する。運動は他の大学に、さらにキャンパスをこえて街頭に広がり、五月には、各地で学生デモが警察など治安部隊と衝突し、弾圧されるという事態となった。学生の合言葉は、彼らの閉塞感を反映して、管理社会化に対する反対と自主管理(autogestion)の実現であった。

パリでのゼネストのデモ行進(1968年5月13日)
Getty Images

学生反乱の拡大は、経済成長・近代化・福祉国家・大衆消費社会化の恩恵を受けつつも、経営者の閉鎖的態度に直面してこれまた閉塞感を抱いていた労働者に、大きなインパクトを与えた。五月以降、労働総連合をはじめとするナショナル・センターは、学生に連帯するとともに、賃金引上げなど労働条件の改善を求めるゼネストの実施を訴えた。また、各地の工場では、自発的なストライキ、いわゆる「山猫スト」が頻発するようになった。これらストライキ参加者の一部は、さらに、みずからが働く企業や工場の自主管理を主張し、実行した。ここにも労働者の閉塞感がみてとれる。

かくして、学生反乱とゼネストはフランス社会をおおきく揺るがすまでに至った。いわゆる「五月危機」である。

大統領ドゴールは当初一切の譲歩を拒否したが、首相ポンピドーは労働者たちの労働条件改善要求を受入れることによって事態を収拾するべきことを主張してドゴールを説得し、五月末、諸ナショナル・センターと経営者全国団体であるフランス雇用主全国評議会(Conseil National du Patronat Français)との交渉を実現させた。双方は最低賃金の引上げや労働組合の企業内活動権の保障などで合意し、これらを内容とする通称グルネル協定を締結した。協定締結後ストライキは下火となり、学生反乱も六月中に収束した。

ドゴールはただちに余勢を駆って国民議会を解散し、五月危機の動乱に倦んだ国民の支持を得て勝利した。

学校教育と社会階層構造

五月危機の発火点となった学生反乱がフランス社会に大きなインパクトを与えたのは、それが学校制度にかかわっていたからである。

近代的な社会の基本原理をなす社会的流動は、なによりもまず学校教育を回路として実現されるはずである。そしてまた、教育や学校は、メリトクラシーにおいて要求される人びとの能力を開発する場でもある。したがって、学校教育に関しては、機会の平等が保障されなければならない。もちろん、戦後フランスも、その例外ではない。

実際、戦後フランスの針路をおおきく規定したCNR綱領(一九四四年)は、すでに教育の無償化、一八歳までの義務化、初等教育と(日本では中学校に相当する)中等教育前期課程における学校の種類の一本化(単線化)を定めていた。

ところが、学校教育における機会の平等という理想は、制度的にも、実態においても、なかなか実現されなかった。

制度面についていうと、終戦当時は一四歳だった義務教育終了年齢が一九五九年に一六歳に引上げられるなど、一定の前進はみられた。問題は、中等教育前期課程の単線化が進まず、複数の種類の学校が並存していること(複線化)にあった。すなわち、私立中学校、国立中等学校前期課程(六三年に中等教育中学校と改称設置)、市町村立小学校付属補習教室(五九年に一般教育中学校と改称)が並存し、三者のあいだには「前二者が上」という明確な序列があった。五九年から六四年にかけて公立中等教育改革の一環として改称がすすみ、前期課程は中学校(コレージュ)、後期課程は高等学校(リセ)と呼ばれることになったが、どの中学校に進学するかによって、得られる教育内容と期待される学歴が大きく異なる点は変わらなかったのである。二つの公立中学校が一本化されるには、七五年七月に教育関連法、通称アビー法が制定されるのを待たなければならない。

実態をみると、理想はさらに遠ざかってゆく。一九六四年、二人の社会学者ピエール・ブルデュー(Pierre Bourdieu)とジャンクロード・パスロン(Jean-Claude Passeron)は『遺産相続者たち』という著書を刊行し、そのなかで、フランス支配階層の子弟は、家庭で獲得する知識やふるまい(文化資本)を利用し、学校教育とりわけ入学試験制度を経由して、支配階層の地位を継ぐ、と主張した。ブルデューとパスロンにいわせれば、学校教育とは、社会的流動の回路などではなく、世代間再生産のツールである。勉強して学歴を得て出世するなどというのは、単なる神話にすぎないのだ。

たしかに、入試問題に新聞記事が利用される場合、その出所は、フランスでいえば『ル・モンド(Le Monde)』のような高級紙であって『レキップ(L'Equipe)』のようなスポーツ紙ではない。そして、高級紙を購読しているのは民衆層か支配階層かといえば、それは後者のほうだろう。家庭環境を考慮する場合、学校教育は機会の平等を促進しない。それどころか、機会の平等を妨げ、社会階層構造を維持する方向に働く。

もちろん、だれにとっても社会的上昇が望ましいというわけではない。また、すべての被支配階層が社会的上昇を望むわけでもないだろう。ただし、一九六〇年代フランスの労働者は、みずからのライフスタイルや文化を望ましいとみなすものは稀であり、大多数は社会的上昇を望むか、諦念とともに現状を受容したといわれている。そうだとすれば、当時の学校教育は、彼らの夢を諦めさせる装置として機能したといってよい。

そして、政官財トライアングルを中核とする支配階層の閉鎖性は、今日のフランスにあっても残存している。

第4章

戦後史の転換点

—1970年代—

ポンピドー大統領(右)とシャバンデルマス首相(左)(1969年12月)
Getty Images

1　過渡期としてのポンピドー政権

戦後フランスにおいて新しい時代の到来を画する転換点を求めるとすれば、それは一九七〇年代である。たしかにフランスは五〇年代末にアルジェリア独立をめぐる危機を経験し、六〇年代末には学生反乱とゼネストからなる危機を迎えたが、政治、社会、経済の総体に与えたインパクトの大きさをみると、それらは七〇年代に生じた事象の比ではない。すなわち、ニクソン・ショック(七一年)、変動為替相場制への移行(七二年)、そしてなによりも二度の石油危機(七三年、七九年)である。ここに、安定した経済成長を享受できた「栄光の三〇年」は終わり、不安定と混乱と対立と分裂の時代が始まった。

ドゴールの退場

一九六八年の五月危機に際して、ドゴール政権は、学生反乱に対しては弾圧、ゼネストに対してはグルネル協定と、対応策をつかいわけ、さらに、ただちに国民議会を解散し、選挙に勝利(議席数では圧勝)した。共和国擁護の如何を争点に設定し、混乱に飽きた有権者の心を摑んだことが、功を奏したのである。

かくして、政権はどうにか事態を乗切ったかにみえた。さらにドゴールは、選挙直後、人心一新(と、五月危機への対応でリーダーシップを発揮したポンピドーに対する牽制)をめざして内閣を改造し、元外交官の外相モーリス・クーヴドミュルヴィル(Maurice Couve de Murville)を首相に抜擢した。

ドゴールは、五月危機に結晶化した国民のさまざまな不満に対応するべく、総合的な政策パッケージとして、一九五八年に政権に復帰したときとおなじく「参加」を提示した。経済成長という目的を国民が共有していた時代は、単一思考を共有する政官財トライアングルすなわち支配階層が政治、政策、経営を「上から」進めるという意思決定スタイルがひろく支持されえた。しかし、経済成長が進むなかで、新中間層が登場し、大衆消費社会的なライフスタイルが広まるなど、フランス社会が近代化してゆくと、意思決定から排除された民衆層など被支配階層は不満を抱くようになる。意思決定者とそれ以外が分裂する。後者の不満を吸収し、ふたたび国民統合を実現するには、後者をある程度は意思決定に参加させるメカニズムを構築しなければならない。これが、ドゴールの診断であった。

クーヴドミュルヴィル内閣のもと、参加政策の具体化が進められた。教育の領域では、大学に組織改編をはじめとする運営自主権を与え、さらに教職員と学生の代表からなる評議会に大学運営を委ねる高等教育法が制定された(一九六八年一一月)。労働の領域では、企業内部における労働組合の活動を保障および促進する企業内団結権行使関連法が制定された(同年一二月)。また、国制の領域では、県の上位の地方自治体として、地方議会・職業団体・労働組合などの代表者を有権者とする選挙で選出される議会をもつ「地域圏(région)」を設置することと、上院に(それまでの地方自治体議員を有権者とする選挙で選ばれる議員と並んで)経済・社会・文化団体の代表者を有権者とする選挙で選ばれる議員の枠を設けるという法案が準備された。これらはすべて「参加」をキーワードとする政策であった。

このうち国制すなわち地域圏と上院に関する改革を実施するためには、憲法の改正が必要であった。憲法改正には国民投票と両院合同会議という二つの方法があるが、ドゴールは当然のごとく前者を選んだ。しかし、この改正は、上院議員の既得権に触れることもあり、党派を超えた反対運動を惹起した。一九六九年四月、国民投票で提案は否決され、ドゴールは即日大統領を辞任し、翌日には大統領官邸を退去した。

同年六月、ドゴールの後任を選ぶ大統領選挙が実施され、自他共にドゴールの後継者と認めるポンピドーが当選した。フランスの七〇年代が、事実上始まったのである。

新社会建設プログラム

ポンピドー政権は「継続と開放」をスローガンとした。すなわち、彼は、フランスの栄光の追求、経済成長、欧州統合など、第五共和政成立以来の基本路線をドゴールと共有した。さらに、栄光の三〇年がもたらした社会の近代化に対応するために社会経済構造を改革しなければならないという点についても、五月危機以後のドゴールと現状認識を共有した。ただし、ドゴールが「参加」という処方箋を提示したのに対し、ポンピドーは、それでは足りず、社会経済構造を根本的に改革しなければならないと判断していた。この判断を、彼は「開放」という言葉に込めたのである。

継続と開放という課題を実行するべき首相として選ばれたのが、ジャック・シャバンデルマス(Jacques Chaban-Delmas)である。彼は国内レジスタンス以来のドゴールの側近であり、第五共和政の開始以来、一貫して国民議会議長の重職を担ってきた。ただし、マンデスフランス内閣に公共事業・交通相として入閣した経験をもつことからもわかるとおり、彼は、社会経済構造改革の熱烈な信奉者であった。いわばドゴールとマンデスフランスの政治路線の混合物を体現する存在であり、それが、ポンピドーが彼を首相に選んだ理由である。

一九六九年九月、シャバンデルマスは両院合同会議で施政方針演説をおこない、いまや「新社会」を建設するときが到来したと宣言するとともに、そのために採用されるべき政策プロググラムを明らかにした。のちに「新社会建設プログラム」と称されることになるこの演説によれば、フランスは経済成長と近代化を実現してきたが、いまだ産業化が不十分な部門や旧態依然たる社会構造が部分的に存続しており、また、上からのディリジスムにもとづいて経済成長や近代化を牽引してきた国家にも硬直化の兆候がみられる。彼は、かくなる診断にもとづき、市民の養成と情報公開、国家の役割の改革、国民経済の競争力強化、社会構造の革新という四つの柱からなる政策パッケージを処方箋として提示した。具体的な方策としては、テレビ・ラジオ事業の自由化、公共企業の経営の自律性強化、職業訓練の充実、年金と最低賃金の引上げなどが列挙された。

新社会建設プログラムは、ただちに実施に移された。その第一歩がなされるべき場としては、労働・社会政策の領域が選ばれた。まず、労働政策の領域では、労使関係を、階級対立、労使紛争、ストライキを中核とする対立路線から、協調路線に転換させることがめざされた。そのために「契約」という概念が導入され、国家と企業、企業間、さらに労使は、交渉にもとづいて契約を結ぶという関係を構築するべきことが唱えられた。模範を示すべく、政府は公共企業と経営計画について契約を締結し、実際の運営は経営者に委ねる、という制度が導入された。これは、上からのディリジスムと経済的自由主義(すなわち市場メカニズムに対する信仰)を接合させる政策とみなせる。

また、社会政策の領域では、労使交渉や全国団体(労働者側は労働総連合などのナショナル・センター、雇用者側はフランス雇用主全国評議会)次元の協定にもとづく賃金引上げや労働条件改善が奨励されるとともに、法定最低賃金に関する法律が改正されて物価スライド制度が導入された(一九七〇年一月)。

ドゴール退場の原因のひとつをなした地域圏の設置をはじめとする地方分権化については、一九七二年七月、とりあえず、地域の社会経済的発展について研究、提案、資金拠出をおこなうという経済的権能のみをもつ公共機関として地域圏を設置する法案が提出され、可決された。地方分権化は、のち、八〇年代に本格化する(次章第1節参照)。

経済成長と近代化を進める理由にして手段である欧州統合については、デンマーク、アイルランド、ノルウェー、イギリスから欧州共同体への加盟が申請されたのを受け、一九七二年四月、申請受理の是非をめぐる国民投票が実施され、投票者の約七割が「是」を選択した。

新社会建設プログラムは、経済成長と近代化をさらに進める方策であり、また、それらがもたらす弊害(政官財トライアングルに対する不満や、貧富格差の拡大など)を抑制・解消して国民の統合を図る手段でもあった。それは時宜に適ったものであり、ポンピドーとシャバンデルマスはともに高い支持率を誇った。

政治の左右両極化

一九七〇年に前後して、フランス政界は大規模な再編成を経験することになった。すなわち、経済成長と近代化によって生じた社会の変容をいかに評価し対応するか、とりわけ両者の産物たる新中間層の増加という事態を前にして、彼らをいかに支持基盤にとり込むかが問題になったのである。

共産党は、労働者政党を自任し、また最大のナショナル・センターである労働総連合を支持基盤とするため、みずから新中間層に接近することは困難であった。そのため、新旧の中間層により近い位置にあった社会党に接近するという選択肢を採用し、すでに一九六八年末、「先進民主主義」の実現をめざして社会党と連合するという方針を打出していた。

社会党は、かつては民衆層と旧中間層を支持基盤としていたが、旧中間層の減少と没落を受け、民衆層と新旧中間層の党に変身することを試みた。このうち前者の支持を確実なものとするべく、一九六九年五月、正式な党名を国際労働者協会フランス支部から社会党(Parti Socialiste)に変更したうえで、共産党との連合路線を採用した。七一年六月には、ミッテラン率いる小党派・共和制度会議(Convention des Institutions Républicaines)が合流し、ミッテランは第一書記に選出された。

急進党は、まさに旧中間層を支持基盤としていたため、深刻な事態に陥った。一九六九年一〇月に総書記に就任したジャンジャック・セルヴァンシュレーベル(Jean-Jacques Servan-Schreiber)は、党の性格を刷新して新中間層を支持基盤とすることを提唱したが、彼の方針は、民衆層も重視すべきだと考える一部党員の反発を招いた。七二年一〇月、後者は急進社会左派運動(Mouvement de la Gauche Radicale-Socialiste)として分離独立し、さらに翌年一二月、左派急進運動(Mouvement des Radicaux de Gauche)と改称して社会党と選挙連合を組んだ。

かつて民衆層と旧中間層を支持基盤としていた人民共和運動は、徐々に後者に軸足を移し、すでに一九六六年二月、旧中間層と支配階層を支持基盤とする独立派・農民派全国センターの一部と合併して民主中道派(Centre Démocrate)を結成していたが、七一年一一月、同センターの全体、および左派急進運動が去ったあとの急進党と政党連合を組み、改革派運動(Mouvement Réformateur)を名乗った。同運動は、支配階層、旧中間層、そして新中間層を支持基盤とすることをめざしたが、その構成党派が多様な性格をもっていたことを反映して、明確な政治路線は採用できなかった。

これに対して、いちはやく新中間層の重要性を認識していたのが、若くして経済政策の専門家として頭角を現し、一九六〇年代から七〇年代前半にかけて一〇年近く蔵相を務めたヴァレリ・ジスカールデスタン(Valéry Giscard d'Estaing)である。彼(一九二六年生)は、すでに六二年一二月、独立派・農民派全国センターを去り、みずからの党派たる独立共和派(Républicains Indépendants)を結成していたが、同党は、まさに新中間層の代弁者たらんとするものであった。

ドゴール派政党である新共和国連合は、一九六七年一一月、第五共和政民主連合(Union des Démocrates pour la Cinquième République)に改称していた。同党は、フランスの栄光というドゴールの理念のもと、すべての社会階層を支持基盤とする包括政党たらんとした。しかし、共産党と社会党が接近して民衆層の支持を固め、また新社会建設プログラムが部分的に採用した経済的自由主義政策が民衆層の利害に反する側面を有していたため、徐々に支配階層と新旧中間層の党という性格を強くしてゆく。

一九七二年六月、共産党と社会党は、きたる国民議会選挙を見据えた政策プログラムとして「共同政府綱領(Programme commun de gouvernement)」を発表した。そこでは、大企業や金融機関の国有化、企業経営に対する労働者の参加、大統領の権限の縮小、欧州統合の推進などが謳われた。経済領域についていえば、これは、かつての下からのディリジスムの復活にほかならない。

改革派運動、独立共和派、そしてドゴール派は、共同政府綱領に対応および対抗するべく、相互に接近せざるをえない。こうして、民衆層から新旧中間層までを支持基盤とする左翼(共産党、社会党)と、新旧中間層から支配階層までを支持基盤とする右翼(改革派運動、独立共和派、第五共和政民主連合)が対立するという政治の両極化が現出する。

政界が激動するなか、一九七四年四月、ポンピドーは、現職のまま持病で死去した。

2　「栄光の三〇年」の終焉

ジスカールデスタン政権

ポンピドーの死去を受け、一九七四年五月、大統領選挙が実施された。おもな立候補者は、左翼(共産党、社会党、左派急進運動)統一候補ミッテラン、ジスカールデスタン、そしてシャバンデルマスである。ジスカールデスタンは、自派のほか、シャバンデルマスの社会経済構造改革路線を(上からのディリジスムやフランスの栄光を重視する)ゴーリスムの自己否定と捉えるジャック・シラク(Jacques Chirac)など一部ドゴール派の暗黙の支持を得、第一次投票でシャバンデルマスを抜いて第二次投票に進出し、第二次投票では大接戦のすえミッテランを下して当選した。

ジスカールデスタンは「先進リベラル社会(société libérale avancée)」をフランスに実現し、成長させることを政権の目的に設定した。先進リベラル社会のスローガンは「リベラル、中道、親欧州」であり、その担い手たるべきは新中間層であった。リベラルとは経済的自由主義政策の推進(したがってディリジスムの否定)および合衆国との接近を、中道とは旧中間層を支持基盤

ジスカールデスタン(左)とシラク(右). のちの大統領・首相コンビ(1969 年 8 月 10 日)
Getty Images

とする一部右翼党派との距離を、親欧州とは植民地帝国としてフランスの栄光を追求することの放棄を、おのおの意味する。ジスカールデスタンは、経済成長と近代化をもたらしたゴーリスムを任務完了の名のもとに放棄し、両者の帰結として出現した新しい社会を運営するべく、さらなる社会経済構造改革の進展と新しい政策体系の構築をめざした。これは、まさに脱ゴーリスムの試みであり、マンデスフランスからシャバンデルマスに至る政策路線を純化させたものといってよい。

ジスカールデスタンは、大統領選挙の論功行賞として、シラクを首相に任命した。ゴーリスムを奉じるシラクは、政策的にはジスカールデスタンと合わなかったが、政治的野心と打算から首相就任要請を受けたといわれている。就任当時ともに四〇代だったこのコンビは、先進リベラル社会の実現をめざす諸改革を進めてゆく。

具体的には、就任直後、成人年齢を一八歳に引下げる法案が提出され、可決成立した。これはフランス革命期に成人年齢（二一歳）が定められて以来はじめての、そして、じつに一八二年ぶりの変更であった。同じく一九七四年一一月には人工妊娠中絶を認める法案が提出され、カトリック教会などの反対の声と、フェミニズム団体などの賛成の声がいりみだれるなか、激論のすえ翌七五年一月可決成立した。また、教育を受ける機会の平等を保障するべく、中等教育中学校と一般教育中学校という二つの公立中学校を一本化する法案が提出され、可決成立した（七五年七月）。これらはライフスタイルから心性に至るさまざまな領域にかかわり、また、五月危機で問われた諸問題に対して一定の回答を与えるものであった。それゆえ、政策展開のスピード感とあいまって、人びとに変革の時期の到来をつよく印象づけた。

社会経済の領域については、改革の焦点は企業の管理運営に置かれた。一九七四年七月、大統領の命によって「企業改革委員会」が設置され、翌年、あるべき労使関係として労使双方（通称、社会パートナー）の経営参加を重視する報告書を作成し、提出した。また、七六年四月、従業員二〇〇〇人以上の企業の監査役会に従業員の参加を認める法案が提出されたが、審議未了となった。

じつは、このころの政府は、それどころではなかった。ジスカールデスタンの大統領就任とほぼ時を同じくしてフランスを襲った第一次石油危機への対応で精一杯だったのである。

ニクソン・ショックと第一次石油危機

一九七三年一〇月、第四次中東戦争の勃発を受けて、ペルシア湾岸産油国は、翌年一月から原油価格を四倍に引上げると発表した。第一次石油危機の開始である。発表を受けてただちに石油価格が上昇しはじめ、世界各地の石油輸入国において、貿易収支の赤字、インフレーション、購買力の低下、不況、失業といった事態が生じた。

フランスも例外ではない。一九七四年第1四半期の物価上昇率は年換算で一六%まで上がり、失業者数は、前年二月が四〇万弱だったのが、二月に四五万、一二月に七〇万弱、翌七五年六月には九〇万弱と増加の一途を辿った。ジスカールデスタンは、まさに石油危機の真っ最中(五月)に大統領に就任したことになる。

新政権は、とりわけインフレーションの昂進を重くみて、ただちに、財政支出削減、増税、および公定歩合引上げによって貨幣流通量を減らす(ことによって貨幣の価値を上げ、モノの価値である物価を下げ、財に対する需要を増やす)ことをめざす経済政策パッケージ「経済冷却計画(Plan de refroidissement de l'économie)」を発表し、施行した。しかし同計画は、実際には、増税と財政支出削減による需要の減少、国内総生産の減少、その結果としての失業者の増加に帰結した。

一九七五年九月、政府は、家族手当と年金の引上げや、減税による企業投資の促進など、貨幣流通量を増やす（ことによって物価は上がるが、ダイレクトに需要を産みだし、失業者の減少が期待できる）方向へと、経済政策を一八〇度転換した。これにより、七六年には国内総生産や購買力はもちなおし、インフレーションの再燃を除き、石油危機がもたらした諸問題は解決されるかにみえた。

たしかに、一般的にいうと、インフレーションそのものは、それだけで人びとの日常生活に大きな影響を与えるわけではない。それが個人の購買力や雇用、あるいは企業の投資意欲を左右することにより、はじめて影響をもつことになる。

ただし、フランスにとって、第一次石油危機が惹起したインフレーションは、偶然にも時期が悪かった。

一九七一年八月、合衆国大統領リチャード・ニクソン（Richard Nixon）は、ドルと金の兌換の停止を表明した。この通称ニクソン・ショックを受けて、フランスを含む諸国では、変動為替相場制の導入が進められた。

それでは、このような事態のなかで、欧州統合を、とりわけ経済領域でいかに進めればよいのか。欧州共同体は、変動為替相場制の導入は避けがたいが、共同体加盟国通貨間の為替変動は統合にとって好ましくない、というジレンマをかかえたのである。このジレンマを解消するために選択されたのが、加盟国間の為替相場は一定の余裕をもたせたうえで固定し、非加盟国の通貨とは変動為替相場制をとる、という為替相場協力政策であった。

欧州共同体は一九七二年四月に同政策、通称スネーク（加盟国間の為替相場が上限と下限のあいだで蛇のようにうねってみえることから名付けられた）を採用し、フランスも参加した。しかし、フランスにとって、これは、競争的平価切下げによる経済成長という、それまでの経済政策を放棄することを意味する。すなわち、いまや重要な貿易相手となった共同体加盟国とのあいだで、為替相場を一定の幅のうちに固定しなければならない。ところが、インフレーションが進むと貨幣価値は下がり、為替相場も変化するから、為替相場を固定するにはインフレーションの抑制が必要となる。かくして国内不況対策と欧州統合政策がリンクし、のみならず相対立する、という事態が生じてしまったのである。

ジスカールデスタンのもとで内政を担当した首相シラクは伝統的な競争的平価切下げ政策支持派であり、必要であればスネークを離脱する構えであった。実際、一九七六年三月には、国内不況対策が優先され、一時的にスネークを離脱することが決定された。しかし、スネークの先には欧州通貨統合というさらなる目標がある以上、いつまでも離脱で片を付けるわけにはゆかないだろう。

一九七六年七月、シラクは首相を辞任した。ドゴール派であるシラクにとって、ジスカールデスタンが進める「リベラル、中道、親欧州」な先進リベラル社会の構築は脱ゴーリスムを意味し、最終的には受入れがたいものだったからである。実際、シラクは、辞任後ただちにドゴール派のてこ入れに乗出し、同年一二月、第五共和政民主連合を共和国連合(Rassemblement Pour la République)に改称するが、同党の理念として提示されたのは「国家の権威、国際的栄光、社会的進歩主義」、つまるところはゴーリスムの復興であった。

ジスカールデスタンも、これに対抗し、一九七八年二月、自派(共和党)と改革派運動(独立派・農民派全国センター、民主中道派)からなる政党連合としてフランス民主連合(Union pour la Démocratie Française)を結成した。彼もまた、強大な支持政党に支えられることの重要性を認識したのである。

シラクの後任としては、経済学者レイモン・バール(Raymond Barre)が首相に任命された。バール内閣は、石油危機を乗切ること、とりわけインフレーションの抑制と通貨フランの為替相場安定を最大の政策課題に掲げた。そのために策定され、一九七六年九月から実施に移された経済政策が、反インフレーション計画(programme de lutte contre l'inflation)、通称バール・プランである。

そこでは、賃金の抑制、公定歩合の引上げ、増税、財政支出の削減、石油公定価格の引上げなどの手段によって貨幣流通量を減少させ、インフレーションを抑制することがめざされた。いわゆる緊縮政策(politique de rigueur/politique d'austérité)であり、二年前の経済冷却計画への回帰である。ただし、バール・プランは、開始時点では、三カ月間の物価凍結や、社会保険料の大幅引上げなど、一種のショック療法の色彩を帯び、政府の本気度が違うことを示していた。

バール・プランは一九七七年の目標物価上昇率を六・五%に置いていたが、実際の上昇率は九・六%であった。もっとも、プランが実施されなければ同率は一三%に達しただろうといわれているので、プランは一定の成功を収めたとみなされた。

一九七八年に実施された国民議会選挙では、この実績が評価されたこともあり、議席数では政権与党が勝利した。

ひきつづき内閣を率いることになったバールは、国民議会選挙直前にジスカールデスタンがおこなったテレビ演説(通称ブロワ・プログラム)にもとづき、既存のバール・プランに加えて企業活動の自由化を政策目標に加えた。これは、上からであれ下からであれ、いかなるディリジスムも放棄し、市場メカニズムを中核とする経済的自由主義政策を採用するという宣言にほかならない。いまや国家の役割は、企業など経済アクターが活動する環境を整えることに限定される。ここには、社会経済構造を改革し、経済成長と近代化の帰結たる先進リベラル社会を実現せんとするジスカールデスタンの強い意志が感得できる。

具体的には、一九八〇年まで二年間をかけて、ほぼすべての財やサービスの価格が自由化された。また、七七年七月には(日本の公正取引委員会に相当する)競争委員会が設置され、独占禁止政策を担うことになった。さらに、国営企業をはじめとする各種公共企業の経営にも極力市場メカニズムが導入され、それとともに公共料金の引上げが進められた。

全体としてみると、反インフレーション政策を中核とするバール・プランは、三つの目標をもっていた。第一は、いうまでもなく、石油危機に対応することである。第二は、来るべき欧州通貨統合に備えることである。実際、一九七九年三月、欧州共同体は欧州通貨制度(European Monetary System)を導入し、共同体内の経済活動計算単位として欧州通貨単位(エキュ)がもちいられることになった。加盟国間の為替相場は一定の余裕をもたせたうえで固定するという点はスネークとかわらないが、いまや離脱は困難となった。競争的平価切下げ政策は採用しがたくなったのである。そして第三は、競争力の高い産業部門にむけた資源の移動を促進することにより、社会経済構造を改革することである。緊縮状況では、生産性が低く競争力に乏しい企業や産業部門は淘汰され、新しい企業や産業部門が勃興するだろう、というわけである。

ところが、一九七九年初め、フランスは、イラン革命に伴う第二次石油危機の勃発に直面する。石油価格が再度(外的要因によって)上昇するなかで緊縮と企業活動自由化が進められたため、回復傾向にあった国内総生産は縮小に転じ、失業者は増加して八〇年には一五〇万人をこえた。

さらに、第一次石油危機の際にすら増加していた購買力は、今回は減少に転じた。かくして、第二次石油危機を契機として、フランスは本格的な不況に突入する。

ここに栄光の三〇年は幕を下ろした。

3 分裂する社会

複雑化する対立軸

栄光の三〇年間に経済成長と近代化が進展して近代的な社会が成立し、そして二度の石油危機のなかで同社会をいかに持続させるかが問われるなかで、一九七〇年代から、フランスはさまざまな対立軸に沿って重層的に分裂することになった。その結果、一方では個々の対立軸に沿って社会集団、社会階層、政党が整序されて対立の様相が明確になり、他方では対立軸が複数化、重層化、および相互作用するなかで争点が把握困難になるという、複雑な状況が生まれた。

すなわち、経済成長と近代化のなかで旧中間層は減少して没落し、それにとってかわるかのように新中間層が重要なアクターとして登場した。これにより、上下方向の、すなわち収入、権力、人脈など諸資産（リソース）の多寡にもとづく社会階層構造の基本的な対立軸は、かつての「支配階層か、旧中間層か、民衆層か」から「支配階層か、新中間層か、民衆層か」に変容した。

一九七〇年代の石油危機と、危機対策としての経済政策、とりわけ経済冷却計画やバール・プランなど緊縮政策は、とくに民衆層に経済的な打撃を与え、彼らと、企業活動自由化政策から利益を得る人びととの対立を惹起した。両者のあいだで、フランスは上下に分裂しはじめる。政治の領域では、この上下対立に沿って政党が再編され、「左(民衆層から新中間層まで)か、右(新中間層から支配階層まで)か」という対立軸が現出した。

その一方で、栄光の三〇年をつうじて、経済成長を支える労働力として移民が流入し、無視できない数(一九六〇年代末で約四〇〇万人と推定)となった。もっとも彼らは一時移民、すなわちいずれは母国に戻る出稼ぎ者とみなされていた。ところが七四年七月、ジスカールデスタン政権は、第一次石油危機に伴う失業者の増加を受けて、欧州共同体外部から就労目的でやってくる移民の受入れを停止した。七七年五月には、自発的に帰国する移民に対しては援助が与えられることになった。移民受入れを促進する時代は終わったのである。

この政策転換に対して、すでにフランスに滞在していた移民の多くは、経済的な利益を考え、そのまま定住することを選んだ。また、一九七六年一〇月には、人道上の理由から、母国に生活する移民家族を呼寄せることは認める政令が出され、移民の定住化傾向がさらに進んだ。やがて移民二世がフランスで誕生することになるが、フランスは国籍について「出生地主義」をとっているため、彼らはフランス国籍をもつフランス国民となる。こうして、移民のイメージは「出稼ぎ者」から「隣人」すなわちフランス社会の構成要素にかわってゆく。

また、石油危機は、大量の失業者を生んだ。失業者は、一九六〇年代に拡充された失業保険制度のもと、最低限の生活は保障されたが、失業者が大量に存在する状態は長期化の傾向をみせた。

それでは、七〇年代に社会のアクターとして登場した移民と失業者は、社会階層構造のなかで、いかに、そしてどこに位置づけられるべきか。

移民の大多数は労働者として生活していたが、しかし、とりわけ六〇年代から増加しはじめたマグレブ移民については、宗教やライフスタイルといった文化的次元における差異が大きく、非移民の労働者と同一にくくることは困難であった。また、失業者については、諸資産の保有量を基準にして考えると民衆層に含みうるが、働いているか否かという観点からすると労働者と同一にはくくりがたい。

ここから「内」すなわちメンバーと「外」すなわち非メンバーという区別が生じる。文化的な基準からすれば、失業者を含む非移民が「内」、働いていても移民は「外」である。また、勤労の有無という基準からすれば、働いている移民を含む民衆層は「内」、失業者は非移民であっても「外」である。そして、経済状況が悪化するなかで、「内」と「外」は分裂し、対立する。さらに、複数の「外」は、「内」との距離をめぐって競合および対立の関係に入る。たとえば、非移民が失業しているのは、本人が悪いのか、それとも働いている移民が悪いのか、ということである。

こうして、フランス社会は、「上か、下か」という対立軸に沿って分裂し、さらに「内か、外か」という対立軸に沿って複数の次元で分裂し、これら分裂が混在する、という状況に陥った。

国民戦線

一九七〇年代のフランス社会における対立軸の複雑化という傾向を政治の領域で体現し、また利用して勢力を拡大してきたのが国民戦線である。

国民戦線の前身は、一九六九年一一月に結成された政治団体「新秩序(Ordre Nouveau)」である。新秩序の合言葉は「愛国主義の再生、諸価値の序列化、家族と教育の再建」であるが、これは、かつてのヴィシー政権を想起させるものであった。

一九七二年一〇月、新秩序は、政界に参入するべく、いわば政党部門として国民戦線を設立し、党首にルペンを招聘した。ルペンは、五六年の国民議会選挙で商人・職人防衛連合(プジ

国民戦線党首ジャンマリー・ルペン（1973年1月）
Getty Images

ャード派）から、ついで五八年の同選挙では独立派・農民派全国センターからおのおの立候補して当選したが、六二年選挙で落選し、アルジェリア独立反対運動などに参加しつつも、政界からはなかば引退状態にあった。

一九七三年一一月、国民戦線は「フランス人を防衛する、これが国民戦線の綱領である」なる綱領を発表した。そこでは、みずからを「国民的で、民衆的で、社会問題に関心をもつ（ソシアル）右翼」と定義したのち、具体的な政策が列挙された。すなわち、国民の独立を維持するという観点から、欧州統合に反対するスタンスが明示された。「寡頭制」たる政官財トライアングルが批判され、大規模流通業者から小規模商人を守るべきことが主張された。これらは、没落しつつある旧中間層の利害を代弁するものであった。また、学校で秩序と規律を教えこむことの重要性が説かれたが、ここにもヴィシー政権との類似性が感得できる。

なお、移民問題についていえば、綱領はほとんど移民に触れていなかった。同党が移民を問題視し、排外主義の立場を前面に出すのは、一九七八年前後のことである。国民戦線は、過激なナショナリスト、元プジャード派、元ヴィシー政権派など、経済成長と近代化という戦後史の主潮流に抗する復古主義的な諸党派の寄せ集めとして始まったといってよい。

一九七〇年代をつうじて、国民戦線は泡沫政党にとどまった。しかし、八二年三月に実施された県議会選挙において、同党は、一部選挙区で一〇―二〇％という驚異的な得票率を得、一躍政界に躍りでる。この躍進の背景には、前年に左翼政権が誕生した（次章第1節参照）という政治的要因と、そして、なによりも、二度の石油危機でフランス経済が疲弊したという現実があった。

すなわち、国民戦線は「失業者が一〇〇万人いるというのは、移民が一〇〇万人多すぎるということだ」（七八年）あるいは「国産愛用」（八五年）といったスローガンを発明し、「内」であるフランス人の困窮の原因を「外」すなわち移民や統合欧州をはじめとする外国に求め、これら「外」を排斥するべきことを訴えた。この排外主義が、自己を「内」と定義しつつ、困窮化することに不満を抱く人びと、とりわけ非移民の民衆層のあいだに、広範な反響を惹起したのである。

国民戦線は、石油危機の結果たる上下の分裂を内外の分裂によみかえ、問題は「上」よりはむしろ「外」にあるとして、「外」を排除しさえすれば問題は解決すると主張した。問題の解決策としての排外主義はシンプルな構造をしているから、人口に膾炙しやすい。ただし、上下対立は社会的流動によって克服されうるが、内外対立は（移民問題に典型的に表現されるとおり）集合的アイデンティティにかかわるがゆえに克服困難である。国民戦線の主張は、意図してかせずにか、解決困難なアポリア（難問）をフランス社会にもちこんだといってよい。

アイデンティティ・ポリティクスの時代

社会がかかえる諸問題を、集合的アイデンティティにもとづいて社会を「内」と「外」に区別することによって解決しようとする政策志向性を「アイデンティティ・ポリティクス」と呼ぶ。この政策志向性は、国民戦線の創造物でも独占物でもない。それは、ポスト・モダニズム（ポスト近代主義）と呼ばれる、より広い思考潮流の産物であり、さまざまな運動に結晶することになった。

アイデンティティ・ポリティクスが登場する契機は、通常、五月危機に置かれる。

五月危機は、結局は収束し、直後の国民議会選挙における与党の勝利に終わるが、学生反乱やゼネストはまったく無意味だったのかといえば、そうではない。近代的な社会は社会的流動を基本原理とするから、開放性が高いはずだが、実際には、支配階層の世代間再生産や、単一思考のもとに結束する政官財トライアングルが優越する。この矛盾から、人びとのあいだに閉塞感が醸成される。彼らの閉塞感は五月危機後も存続し、のちのエコロジー運動、フェミニズム、あるいは地域主義運動など、いわゆる「新しい社会運動」に継受されてゆく。

新しい社会運動を主導するのは、一九五〇年代に増加しはじめ、六〇年代にかけて社会的流動の場に組込まれてゆく新中間層であった。彼らは、自身が経済成長と近代化の産物でありつつも、環境破壊、男女差別、ローカルな伝統文化の消滅、過度の中央集権化など、経済成長や近代化が弊害を伴うことを自覚し、経済成長や近代化そのものの功罪を問うてゆく。

この新しい社会運動の思想的な基盤がアイデンティティ・ポリティクスである。すなわち、フェミニズムにおいては（女性側からみて）女性（内）と男性（外）、地域主義運動においてはローカルな文化（内）とナショナルな文化（外）、地方自治体への権限委譲をめざす地方分権化運動においては地方自治体（内）と全国政府（外）など、新しい社会運動では「内」と「外」が区別される。両者の対立は「内」の弱体化に帰結するとされ、そこから「内」の擁護が叫ばれる。そして、さらに、これら運動の進展が内外対立を促進する、という正のフィードバックが作動する。

これら新しい社会運動のなかでもっとも注目されるべきは、環境保護を主張するエコロジー運動だろう。

フランスでは、一九六〇年代後半から、高学歴の新中間層を主要な支持者として各地でエコロジー団体が結成され、六九年一一月には、それらの全国連合体として「フランス自然保護団体連盟（Fédération Française des Sociétés de Protection de la Nature）」が組織された。七〇年代に入ると、政治活動に参入する必要性が感得されはじめ、七四年大統領選挙に、これら団体の支持のもと、環境保護を前面に掲げる候補者ルネ・デュモン（René Dumont）が登場した。さらに、全国的な政党として、八〇年一月に政治的エコロジー運動（Mouvement d'Ecologie Politique）、八一年一二月にエコロジー総連合（Confédération Ecologique）が結成され、八四年一月に両者が合併して緑の党（Les Verts）が成立した。

緑の党は、経済成長や近代化が環境破壊をもたらしているとし、環境を保護することによって持続可能な成長を実現するべきことを主張する。そして、そのためには、社会的連帯、分権化、自治の方向に社会をかえてゆくことが必要だとする。彼らにとって、経済的利益のみを考える産業界は「外」であり、連帯と自治を担う市民は「内」である。ここにも上下対立から内外対立への視点の移動がみてとれる。

エコロジー運動をはじめとする新しい社会運動は、フランスでは、基本的に左翼に分類されている。ただし、それらは、アイデンティティ・ポリティクスに土台を置く点を、国民戦線と共有する。その意味で、両者は、経済成長と近代化が完了した時代に登場して広まった新しい思想潮流の体現者として、コインの表と裏をなしているのかもしれない。

第5章

左翼政権の実験と挫折

—1980年代—

ストラスブールでの「ブールの行進」. 2列目中央の女性がデュフォア（1983年11月19日）Getty Images

1 ミッテランの実験

フランスにとって、一九八〇年代は、七〇年代に生じた二度の石油危機がもたらした危機的な経済状態を脱しようとする試行錯誤の時期であった。経済成長率が低下し、失業者が激増するなかで、政権交代、政権(大統領)と内閣(首相)のねじれ(コアビタシオン)、経済政策の一八〇度転換、内外対立の激化、都市問題や移民問題をはじめとする新しい社会問題の出現など、これまでと異なる社会経済構造をうみだすための産みの苦しみが始まる。

左翼政権

一九八一年五月、大統領選挙第二次投票において、社会党、左派急進運動、共産党の支持を得たミッテランは、現職のジスカールデスタンを僅差で破り、当選した。ここに、第五共和政初の左翼政権が誕生した。

ミッテラン(一九一六年生)は、国内レジスタンスで頭角を現したのち、四五年六月に結成された小党派たるレジスタンス民主社会主義連合(Union Démocratique et Socialiste de la Résistance)に参加した。五三年一一月からは同連合の党首を務めるとともに、第四共和政期に通算一一度の入閣を誇った古参政治家である。その後、第五共和政期に入り、六四年六月、同連合を共和制度会議に発展解消させて議長に就任した。そして七一年六月、同会議を社会党に合流させ、共産党との共闘を訴えて第一書記に選出された。両党が翌年締結した共同政府綱領(前章第1節参照)は、彼の努力の産物である。

大統領選挙の翌月に実施された国民議会選挙では、社会党は地すべり的な勝利を収めて議席の過半数を獲得したが、ミッテランは、この間の経緯に鑑みて共産党を入閣させることを決心し、社会党ピエール・モーロワ(Pierre Mauroy)率いる社共(および左派急進運動)連立内閣を発足させた。ここに新しい政策パッケージ、通称「ミッテランの実験」が始まる。

ミッテランの実験は、経済、社会、文化、さらには日常生活の諸領域にまで広がる包括的なものであった。それらは、左翼的な性格をもつものと、過去の清算という色彩を帯びるものに大別できる。

前者は、おもに経済政策と社会政策の領域にみてとれる。

経済領域では、石油危機がもたらした不況を克服するべく、企業の国有化、財政支出の増加、フランの切下げを中核とする積極的な介入政策が開始された。一九八二年二月、ダッソーなど九つの大企業グループ、三六の銀行、二つの金融グループを国有化する法案が可決された。これにより、公共企業が、工業部門の販売高の三〇%、金融部門では与信高のじつに八〇%以上を担うことになった。

また、最低賃金、各種手当、年金などを大幅に引上げ、公共セクターで一四万人の雇用を創出し、さらに労働時間を週三九時間に短縮するなど、財政出動その他の手段によって国内需要を増加させ、失業者を吸収することがめざされた。これらは、上からのディリジスムに連なり、また、いわゆる(ケインズ主義的な)大きな政府を志向する政策とみなしうるが、社会主義など左翼の経済政策思想にも適合するものであった。

さらに、一九八一年から八三年まで毎年、欧州通貨制度の枠内でフランが切下げられた。西ドイツ・マルクに対する切下げ率は合計で三〇%近くに達したが、これは競争的平価切下げ政策への回帰を意味している。

これら二つの方策により、フランス製品に対する内外の需要を増やし、さほど社会経済構造をかえることなく不況を乗切ることがめざされたのである。

社会政策の領域では、労相ジャン・オルー(Jean Auroux)のもと、一九八二年八月から一二月にかけて、労働法制の大改革が実施された。その目的は、企業運営に対する従業員の発言権の強化、社会パートナーすなわち労使の位置づけと役割の明確化、そして労使関係の土台を「交渉」と「契約」という二つの概念に置くこと、の三点であった。ここには、下からのディリジスムに連なるような、企業内における労働者の交渉権を強化するという左翼的な政策思想がみてとれる。

ただし、それだけではない。この改革には、かつての新社会建設プログラム（シャバンデルマス）やジスカールデスタン政権下の企業改革委員会報告書（七五年）の延長線上に、自分たちのことは自分たちで決めるという文化を労使関係に導入する意図が込められていた。ゼネストを収拾するべく人民戦線政府が介入して政労使三者が締結したマティニョン協定（三六年）や、五月危機におけるグルネル協定（六八年）のように、政府が介入してはじめて労使紛争が終結する時代は終わったという判断が、そこにはあった。

過去の清算

ミッテラン政権は、第五共和政史上初の左翼政権であった。また、戦後史でみても、終戦直後以来ひさびさに共産党が入閣した。それゆえ、過去の清算という課題に直面し、清算するという意志をもち、また、それが可能な立場にあった。

まずもって清算の対象とされたのは、じつにフランス革命以前の旧体制期以来続く中央集権システムである。ディリジスムも政官財トライアングルも同システムの一部であり、また、同システムなくしては不可能であった。新政権は、一九八二年三月、地域圏・県・市町村の自由に関する法、通称(内務・地方分権相の名をとって)ドフェール法を可決成立させた。同法は、地方自治体とりわけ有権者住民による直接選挙で選出される地方議会に権限を委譲することと、七二年に経済的権能のみをもつ公共機関として設置された地域圏を実質的に地方自治体化することを、主要な内容としていた。

すなわち、県行政の実質的な決定権や、市町村の決定に対する拒否権など、強力な地方行政権限をもっていた県知事は、これによって単なる中央政府のメッセンジャーと化した。県行政については、県議会議長が行政の長となり、また各種社会事業や中等教育前期課程にかかわる権限が付与された。市町村行政については、県知事による拒否権が廃止され、また、住宅建設、都市計画、職業教育に関する権限が拡大された。地域圏については、一九八六年一月、議員選出に直接選挙制が導入され、議長が行政の長になるとともに、経済開発や中等教育後期課程にかかわる権限が付与された。

これら政策は地方分権化と総称されたが、その目的は、各種地方自治体を一種の「民主主義の学校」と位置づけ、社会、政治、心性の民主化を促進することにあった。

つぎに清算の対象となったのは、レジスタンス神話である。

すでに一九七二年、合衆国の歴史家ロバート・パクストンは、ヴィシー政府は積極的にナチス・ドイツに協力していたと主張する著書『ヴィシー・フランス』を発表していた。同書はただちに翌年仏訳され、激しい論争——というよりも批判を惹起した。それは、同書が、戦後フランスにおける国民統合の一装置として機能してきたレジスタンス神話を批判するものだったからである。

裁判を受けるクラウス・バルビー(1987年5月)
Getty Images

それから一〇年近くたち、ミッテラン政権は対独協力の過去の(一定の)清算にのりだす。具体的には、対独協力ののち国内に潜伏していたフランス人ポール・トゥヴィエ(Paul Touvier)に対する「人道に反する罪」容疑にもとづく指名手配(一九八一年、八九年逮捕)、ナチス親衛隊将校としてフランスでレジスタンスを弾圧したのち南米ボリビアに逃亡していたドイツ人クラウス・バルビー(Nikolaus 'Klaus' Barbie)の身柄引渡し要求(八三年引渡し)、そして、戦時中はヴィシー政権の官僚として対独協力に携わったものの戦後は大臣(七八年予算担当相)にのぼりつめたモーリス・パポン(Maurice Papon)の「人道に反する罪」容疑にもとづく起訴(八三年)などを認めた。

少しのちのことになるが、その掉尾を飾ったのが、ミッテラン自身ヴィシー政権と関係をもっていたことを明らかにしたピエール・ペアン（Pierre Péan）『あるフランス人の青春』の刊行（一九九四年）である。任期満了（と持病による死去）を目の前にしたミッテランは、同書の刊行に協力したといわれている。

最後に残った清算されるべき過去は、アルジェリア戦争である。ただし、エヴィアン協定から二〇年もたっていない時期において、同戦争中になされたさまざまな蛮行を評価することは、政権にとっても、人びとにとっても、困難であった。そのため、この問題については、当面手を触れないという、いわゆる忘却政策がとられた。

実験の失敗

ミッテランの実験の最大の課題は、不況の克服にあった。不況の克服なくして、国民の十全な統合はありえないからである。しかし、国有化、財政支出増加、フラン切下げという政策パッケージは機能せず、経済成長率は低迷し、失業者は増加した。一九八二年六月、モーロワ内閣は、やむなく一種の緊急措置として、物価凍結、賃金凍結、そして公共支出削減を決定した。

これに対し、政権与党内部からは、激しい批判が生じた。そして、二つの政策路線のあいだで、どちらを採用するかをめぐる論争が、おもに社会党内部で始まった。

第一の政策路線は、大きな政府という方針を堅持し、そのためには欧州通貨制度を脱退し、競争的平価切下げ政策を貫徹する、というものである。

第二の政策路線は、欧州統合の政治的および経済的な重要性を考えれば、平価切下げは不可能であり、欧州通貨制度に残留せざるをえないが、そのためには貨幣流通量を抑制することが必要であり、したがって、不況の克服は、産業構造さらには社会経済構造の改革や企業の生産性向上の努力を促進し、国内産業製品の国際競争力を強化させることによってのみなされる、というものである。後者の政策は「競争的ディスインフレ政策」と呼ばれるが、それには、世界各地で進む産業構造の高度化(先端技術産業化)に対応できるというメリットと、低生産性部門を中心とする一部の産業部門の縮小を伴うというデメリットの両面があった。

激しい論争のすえ、政権は後者の政策を採用することを決定した。ミッテランの実験は失敗したのである。

一九八三年三月、蔵相ジャック・ドロール(Jacques Delors)のもと、増税、公共投資の削減、公共料金や医療費の引上げ、貯蓄(すなわち投資の財源)の促進などからなる緊縮政策が導入された。さらに不況あるいは成熟部門(製鉄、造船、石炭、自動車など)における合理化すなわち人員整理の促進と、生産性が高い先端技術部門の育成が進められた。前者については、これら部門における大企業は国有化されていたから、政府の政策決定はそのまま企業の意思決定となり、シトロエンの各地工場やロレーヌ製鉄の製鉄所などで、大規模な解雇と、それに反対するストライキなど労働争議が生じた。後者については、八三年、高生産性産業の育成に充てられる貯蓄会計として「産業発展勘定」が設置され、貯蓄の一定額が繰込まれて産業政策に充てられることになった。

連立政権を組んでいた共産党は、競争的ディスインフレ政策は共同政府綱領以来の左翼的な経済政策路線に反するとして、一九八四年七月、首相がモーロワからローラン・ファビウス(Laurent Fabius)に交代した際に、政権を離脱した。

その一方で、フランスが欧州通貨制度残留を決めたことなどを受け、欧州統合が加速した。イギリス、アイルランド、デンマーク(一九七三年一月)に続き、ギリシア(八一年一月)、スペインとポルトガル(八六年一月)が欧州共同体に加盟し、共同体加盟国は一二となった。

一九八六年二月、加盟一二カ国は「単一欧州議定書(Single European Act)」に調印(翌年発効)するが、これはローマ条約(五七年)を大幅に改定するものであった。すなわち、欧州共同体に政治協力の機能をもたせることを定めるとともに、九二年末までに欧州共同体を障壁なき単一市場にすることを宣言したのである。

単一市場の障壁となるのは、単に関税だけではない。加盟国におけるさまざまな法令や制度もまた、自由な経済活動の障壁(非関税障壁)となりうる。したがって、単一市場を完成させるには、法令や制度のすりあわせ（と、可能であれば一本化）が必要となる。この膨大な作業は、欧州委員会が原案を作成し、閣僚理事会で決定される欧州共同体法令（指示書）にもとづき、各国が関連法令を修正する、という手順を踏んでなされることになった。

そして、単一市場の内部では、財のみならず、サービス、ヒト、そして資本も自由に移動できなければならないとされた。

ミッテランの実験の失敗は、世界的に重厚長大部門中心から先端技術部門中心に産業構造がかわりつつあるなかで、すべての人が豊かになりうるという経済成長の時代（栄光の三〇年）が終わり、一部の人びとには負担を強いる社会経済構造改革が不可避になった時代がフランスに到来したことを告げていた。

また、競争的ディスインフレ政策への転換という政策選択は、フランスが、一国の経済成長ではなく、統合欧州のなかでの経済成長を選択したことを意味した。さらにいえば、社会経済構造改革には痛みが伴うから、国民の統合を維持しながら改革を進めるにはなんらかの口実が必要となる。フランスには政治的にも経済的にも欧州統合が必要であるという言説は、この口実としても機能してゆく。

2 新しい社会問題

「暑い夏」

一九七〇年代後半のフランスを席巻し、八〇年代に入ってもとどまるところを知らない経済不況は、新しい種類の社会問題を生むことになった。

新しい社会問題としてまず挙げるべきは都市問題である。先述(第三章第2節参照)したとおり、一九六〇年代、人口増加と都市化の進展をうけ、バンリューには続々と団地が建てられた。しかし団地は人びとのライフスタイルに合わず、七三年三月に政府が大規模な団地の建設を禁止して以来、富裕化した住民が転出して貧しい人びとが入居するなかで、いわばゲットー化しつつあった。すなわち「貧困な住民の入居、管理費の滞納、環境の悪化、イメージの悪化、多少とも豊かな住民の転出、さらなる貧困な住民の入居」という悪循環である。

一九八一年七月、リヨンの衛星都市ヴェニシューにあるマンゲット(Minguettes)団地に居住する若者たちが窃盗、放火、商店略奪などをおこない、警察と衝突するという事態が生じた。暴動は散発的に続き、さらには近隣の別の団地に広まった。若者たちが自動車に放火したり、警察に火炎瓶を投げつけたり、盗んだ車を乗りまわしたり(ロデオ)する姿は、フランス中に大きな衝撃を与えた。内相ガストン・ドフェール(Gaston Defferre)は強硬な鎮圧策に訴え、事態を沈静化させたが、この出来事はのちに「暑い夏」と呼ばれることになる。

マンゲットは、一九六五年から七三年にかけて優先都市化地域に建設された計九〇〇〇戸からなる巨大団地であるが、まさにゲットー化する団地の典型であった。ゲットー化の速度が速かったため、住民の流出に流入が追いつかず、八三年には二〇〇〇戸近くが空き家の状態であった。そこに、二度の石油危機の帰結としての不況、とりわけ失業率の上昇が重なった。空き家以外の七〇〇〇戸に住む約二万人のうち、四〇〇〇人が失業者だったといわれている。その多くは、貧しい民衆層に属し、低学歴の若者たちであった。彼らは、いまや、貧しい失業者としてゲットーに隔離されたのである。「暑い夏」が生じるのも当然だろう。

政府も事態の深刻さを認識し、同年から一九八三年にかけて、若者の社会統合、犯罪の防止、そして都市問題に関する計三通の報告書の作成を有識者に委嘱した。三番目の報告書の執筆はグルノーブル市長ユベール・デュブドゥ(Hubert Dubedout)に託されたが、彼は報告書『協力して都市を再建しよう』のなかで、団地をはじめとする都市がかかえる固有の問題たる都市問題を解決するには、単なる都市計画ではなく、教育、社会、雇用、経済など都市空間にかかわる諸政策のパッケージである「都市政策(politique de la ville)」が必要であると主張した。そのうえで、彼は、多様な属性をもつ人びとが生活空間を共有する社会的混交(ソーシャル・ミックス)

を実現することによってゲットー化を解消することこそ都市政策の目標であると主張し、その後の都市政策に大きな影響を与えた。

ブールの行進

都市問題と密接な関係にあったのが移民問題である。一九八一年の「暑い夏」の出発点となったマンゲット団地では、当時、住民の約三〇％が移民（移民二世を含む）だったといわれている。彼らは、学歴の低さやライフスタイルあるいは主要言語の違いから、多くが最底辺の労働力を構成し、不況になれば最初に職を失う存在であった。移民の数自体は一九六〇年代末から八〇年代を通じて四〇〇万人前後で安定していたが、ジスカールデスタン政権期の移民政策の転換（第四章第3節参照）を受けて、彼らの多くはフランスに家族を呼寄せて永住することを選んだ。いわば移民の質が変化し、その存在が可視化されたのである。

ミッテランは、「移民のための新しい権利」を掲げ、移民の基本権承認と差別禁止を公約して政権に就いた。実際、移民に対する職業訓練を支援することが決定され、移民の生活、雇用、教育、社会的援助などについて移民担当相に助言する機関として、移民の代表を委員に含む全国移民評議会（Conseil National des Populations Immigrées）が設置された（一九八四年六月）。八三年一一月には、省庁間調査機関として「バンリュー89」が設置され、移民が多く居住するバンリューを主要な対象として、ソーシャル・ミックスを実現するための方策が検討および提言された。また、政権は移民に団体結成権や地方選挙参政権を与えることを企図したが、後者は実現には至らなかった。今日でも、欧州連合加盟国以外からの移民には、参政権は認められていない。

しかし、不況が続くなかで、移民の生活環境はなかなか改善されなかった。この事態にもっとも不満を抱いたのは移民子弟、とりわけフランスで生まれてフランス国籍をもつ移民二世であった。彼らの多くは文化資本が少ないせいで高い学歴を得られず、結局は失業（あるいはそもそも学校卒業後に定職をみつけられず無職）状態となる。フランス国民でありながら、かくのごとき差別の対象となるなかで、彼らはアイデンティティ危機に陥らざるをえない。「暑い夏」の主人公となり、都市問題を体現し、したがって都市政策の主要対象となったのは、まさに彼らであった。都市問題は移民問題でもあったのである。

もちろんすべての移民子弟が「ロデオ」に訴えたわけではない。マンゲットに住む移民子弟数人は、移民支援活動に携わる聖職者たちの助言を受け、マーチンルーサー・キング（Martin Luther King）やガンジー（Gandhi）に倣って非暴力の行進をおこない、移民問題に対する関心を高めることを企画した。一九八三年一〇月、マンゲットの移民子弟九人を含む一七人がマルセイユを出発してパリにむかった。行進が続くにつれて参加者は増え、リヨン到着時で一〇〇〇人をこえ、ストラスブールでは家族・人口問題・移民労働者担当国務次官ジョルジナ・デュフォワ（Georgina Dufoix）が行進に参加した。「平等をめざし、人種差別主義に反対する行進」を自称したこの行進は、徐々にマスメディアの関心を引き、やがて「ブール（アラブ系を意味する若者言葉）の行進」と呼ばれることになる。

一二月、ブールの行進は一〇万人規模に膨れあがってパリに到着し、代表たちは大統領ミッテランに面会を許された。彼らが主張したのは、移民とりわけマグレブ移民など非欧州出身移民に対する人種差別を規制することと、移民をフランス社会に統合し、いわば居場所を得さしめることであった。後者の重要な手段がソーシャル・ミックスに求められたことは、いうまでもあるまい。

スカーフ事件

この時期から、都市問題や移民問題と密接な関係をもつようになったのが宗教問題である。すでにふれたように移民の数自体は、栄光の三〇年のあいだに増加したのち、一九六〇年代末からはさほど増えなくなった。しかし、その後、出身地別構成が変化し、それに伴って宗教別構成が変化していたのである。

移民の代理変数として在住外国人の国籍を一九七六年と八七年で比較すると、スペイン人が二〇万人（以下すべて概数）減少したのに対して、モロッコ人は二五万人、トルコ人は一〇万人、おのおの増えた。これは、移民に占めるムスリムの割合が上昇したことを意味する。実際、おなじくムスリムが多いアルジェリア出身者を含めると、移民に占めるムスリムの割合は、この時期、約三〇%に達したといわれている。これは、かつて移民の中核をなしたポルトガル人やスペイン人がカトリックであることと対照的である。

いわゆる生粋の(de souche)フランス人の大部分はカトリックであり、ムスリムとはライフスタイルがおおきく違う。ここに、移民はムスリムとして表象され、ムスリムとして可視化され問題化されることになった。フランス社会におけるイスラムの位置づけを核とする宗教問題の出現である。

一九八九年一〇月、パリ北郊のクレイユ(オワーズ県)の公立中学校に通う三人の移民女子生徒が、イスラムの教理に則ったスカーフであるキマル(khimar)を着用して登校し、入構を拒否されるという事件が発生した。いわゆる「スカーフ事件」である。その後、生徒の親と学校側の話合いがもたれ、二人(モロッコ系)はキマルを外すことになったが、一人(チュニジア系)はキマルの着用を譲らず、最終的に退学処分となった。

スカーフ事件は大きな反響を呼び、ミッテラン大統領夫人、首相をはじめとする閣僚、政治家から知識人に至るまで、学校支持派と生徒支持派のあいだでキマル着用の是非をめぐる論争が展開された。政府は事態を収拾するべく、政府の最高諮問機関である国務院の判断を仰いだが、国務院の判断も揺れた。結局、二〇〇四年に「公立小中高における宗教的シンボル禁止法」が可決成立し、キマルを含む「これ見よがしの宗教的シンボル」を公立小中高で着用することは違法となった。スカーフ事件から、じつに一五年後のことである。

スカーフ事件がこれほど大きな問題となったのは、イスラムと（カトリックなど）キリスト教が対立したからではない。フランスは、二〇世紀はじめに「教会と国家の分離に関する法」を制定し、政教分離主義（ライシテ）を国是とした。フランスの国是は「共和国の価値（valeurs républicaines）」と呼ばれ、人権宣言（一七八九年）にうたわれた自由、平等、友愛のほか、寛容、反人種差別主義などが知られているが、基本的には大多数の国民のコンセンサスを得ている。しかし、スカーフ事件に際しては、一部の人びとは、公立学校におけるキマルの着用は共和国の価値のひとつである政教分離主義に反するとみなし、批判および否定した。これに対して、他の人びとは、キマルの着用を禁止することは、これまた共和国の価値である寛容の精神に反し、それゆえ好ましくないと判断した。二つの共和国の価値が相対立し、それゆえ激しい議論が惹起されたのである。

バンリューに集住するムスリム移民は、都市、移民、宗教など新しい社会問題を体現する存在として可視化され、共和国の価値をめぐるコンセンサスを揺るがすトラブル・メーカーとみなされることになった。この事態は、今日も続いている。

3　異議申立ての諸相

コアビタシオン

一九八四年七月に首相に任命されたファビウスは、競争的ディスインフレ政策を継続さらには徹底し、インフレーションを抑えこむことには一定の成功を収めた。ただし、経済成長率の低迷は続き、失業率は上昇を続け、また一人あたり購買力は八四年に三％近く減少するなど、ファビウス内閣の成果は、不況の克服にはほど遠いものであった。ミッテラン政権とファビウス内閣の支持率は低下の一途を辿った。

一九八六年には、国民議会選挙が予定されていた。敗北を予想したミッテランは、現行の小選挙区制度のままでは与党の大敗は避けられないと考え、ダメージを最小化するべく、八五年四月に選挙法を改正し、選挙制度として県単位名簿式比例代表制を採用した。同制度のもとで翌年三月に実施された選挙では、共和国連合とフランス民主連合という右翼二政党が過半数を二議席上回る辛勝を収め、また国民戦線が一割ちかい得票率を得て、初の、それも二桁の議席を獲得した。大統領ミッテランは共和国連合を率いるシラクを首相に任命し、右翼二政党を主要支持基盤とする内閣が成立した。ここに大統領与党と首相与党が異なるねじれ現象、通称

(同居や事実婚を意味する)コアビタシオンが始まった。

第五共和政においてコアビタシオンは初、というよりも想定外の事態であり、大統領と首相が権限を争って対立することが予想された。しかし、ミッテランとシラクは、外交と防衛は大統領が、それ以外の内政は首相が、おのおの担当することで合意した。

シラク内閣の最大の課題は、いうまでもなく、二度の石油危機以来ひきつづく不況からの脱出であった。内閣発足直後におこなった所信表明演説で、シラクは、すべての国有企業の民営化、価格や雇用に関する規制の緩和または撤廃、公共支出の削減など、競争的ディスインフレ政策を中核とする経済的自由主義にもとづくラディカルな政策路線を提示した。当時イギリスのサッチャー(Margaret Thatcher)政権や合衆国のレーガン(Ronald Reagan)政権などが採用していた、いわゆる新自由主義(neo-liberalism)である。

このうち民営化については、ミッテラン政権によって一九八二年以降に国有化された諸企業のほか、終戦直後のドゴール政権期に国有化された金融機関、さらには第二次世界大戦期に国有化された一部企業までが対象とされた。これに対して、ミッテランは、八一年以前に国有化された企業の民営化については、拒否権を発動するとして反対を表明した。結局シラクが妥協し、八二年以降に国有化された諸企業について、株式の市場放出によって民営化を進める法案が提出されて可決成立した。

インフレーションについては、競争的ディスインフレ政策の継続および強化により、物価上昇率は一九八六年から三％前後に低下した。国内総生産や一人あたり購買力については、世界経済全体が回復基調に転じたこともあり、成長率や増加率は上昇傾向となった。失業についても、失業率は、八七年まで上昇したものの、その後はわずかながら低下の傾向をみせはじめた。これら指標からみるかぎり、シラク内閣の経済政策は一定の成果を挙げた。

ミッテランからすると、少なくとも不況対策についてのみずからの実験は失敗して競争的ディスインフレ政策に転じざるをえず、さらにコアビタシオンを招いた。また、シラク内閣の経済運営は（景気動向にも助けられて）及第点である。そうだとすると、大統領選挙を二年後（一九八八年）に控え、左翼政権の牽引者というイメージを打出すことは好ましくない。かくして彼が採用したのが「国父」すなわち内閣、左右の諸政党、さらには政治という営為そのものの上に立つ調停者というイメージであった。彼の念頭にあったのはドゴールであり、コアビタシオン期において、彼は重大局面のみに登場して意思決定をおこない、ふだんは国民の統合と連帯を唱えるにとどまった（とどめた）。彼の視線の先に大統領再選があったことは、いうまでもない。

宿痾としての失業

石油危機後、フランスにとって最大の経済問題は、やはり失業であった。失業率は、一九八七年以後、低下の傾向をみせるが、八八年でみると、それでも八%台であり、合衆国(約五・五%)や日本(約二・五%)と比較すると、圧倒的に高い。欧州諸国と比較すると、西ドイツやイギリスと同水準であるが、若年層(二五歳以下)の失業率が圧倒的に高いといった独特な就業構造を示している。

フランスにおける失業がこのような規模と特徴を備えるに至ったことには、いくつかの背景がある。

まず、労働市場における供給側の事情をみると、一九八〇年代をつうじて、労働力人口は年二〇万人程度という規模で増加を続けた。この間、若者たちの高学歴化と高齢者の退職という、労働力人口を減少させる作用をもつ現象もみられたが、労働可能な生産年齢人口は増加しており、また、女性の就業率が上昇したため、先の作用は打消され、結果として純労働供給は増加した。

つぎに需要側の事情をみると、一九八〇年代の雇用創出の伸び率は〇・三%であり、イギリス(一・五%)や西ドイツ(〇・八%)と比較すると、きわめて低い。これは一見するとフランス経済の停滞の産物であるかのようにみえるが、じつはそうではない。同じ時期の労働生産性の伸び率をみると、フランスは両国を上回っている(八二—九〇年で、イギリス一・八%、西ドイツ二・〇%、フランス二・二%)からである。つまり、フランス企業は労働節約型の技術導入や設備投資を進めたのであり、これは、端的にいって「なるべく従業員を雇いたくない」という意思の表れである。

企業の雇用拡大忌避の姿勢には、三つの理由があった。

第一は、戦後一貫して労働総連合をはじめとするナショナル・センターの政治的な影響力が強かったこともあって、解雇に対する従業員のみならず政治家や世論の批判が厳しかったことである。このように労働市場が硬直的である場合、企業は新規採用を極力避けようとするだろう。

第二は、社会保障制度すなわちセキュが労働者と経営者双方による保険料の拠出にもとづく保険形式をとったこともあり、企業の福利厚生費負担が重かったことである。政府も事情は認識しており、一九八八年一二月には参入最低所得（revenu minimum d'insertion）と呼ばれる失業手当制度が導入された。これは、二五歳以上の失業者を対象とし、支給開始三カ月以内に労働市場に参入させる（就業させる）ことを目標とする公的扶助制度である。これにより、失業者に生活を保障しつつも労働意欲を削がないことと、企業の社会保険料負担を増やさないことがめざされた。ただし参入最低所得の対象範囲は十分ではなく、企業の負担過剰感をなくし、雇用拡大を推進するには十分ではなかった。

第三は、フランス経済全体が産業構造の転換に乗りおくれたため、成長部門である先端技術部門における市場占有率が日・米・英・西ドイツの後塵を拝し、低いままにとどまっていたことである。フランス企業の多くは成熟産業部門に属し、したがって製品需要の拡大は見込めなかった。これでは雇用を拡大しようとする意欲は生じないだろう。

かくして、低学歴の若年層を中心に、長期かつ大量という特徴をもつ失業現象が持続する。彼らの不満は、場合によっては、ぶつける対象を見出せずに暴動などのかたちで爆発し、場合によっては、みずからの仕事を奪う存在とイメージされる人びと、とりわけ移民にむけられる。国民戦線の躍進は、この反移民感情に支えられていた。

じつは、一九八〇年代末にみられた失業率の低下は数年でおわり、失業者は九一年からまた増加しはじめる。フランス社会にとって、失業は一種の宿痾化してゆく。

対立軸の移動

一九八一年、第五共和政初の左翼の大統領が誕生したとき、多くの人びとは変革と変化の時代が到来したと期待した。しかしながら、石油危機がもたらした不況は続き、場合によっては悪化した。人びとの期待は失望と不満にかわり、みずから直接行動する動きや、みずからの苦境の原因を「外」にもとめて攻撃する動きが広まった。このうち後者については、一方ではこの攻撃に対抗する運動が登場し、他方では攻撃を正当化する思想が彫琢されてゆく。

一九八一年に成立したモーロワ内閣は社共連立政権であったが、この事態は、左翼政党の支持基盤たる労働組合にとっては両面性を孕んでいた。これは、一面では、労働者の権利擁護や待遇改善をはじめとする主張を実現する好機であった。しかし他面では、労働組合が体制内化し、場合によっては労働者の要求よりも政権の利害を優先せざるをえなくなるかもしれないことを意味した。

とりわけ、一九八三年に政権が経済政策路線を転換すると、新たに採用された競争的ディスインフレ政策に対する労働者の不満は内閣、政権、そして労働組合とりわけナショナル・センターにむけられてゆく。かくして、労働総連合など既存のセンターに対する加盟率は八〇年代に(二〇%台から一〇%前後に)ほぼ半減し、その一方で、労働者の要求を重視するナショナル・センターをあらたに組織する動きが始まった。後者の代表的な存在が、八一年末に結成された「グループ10」(九八年に連帯労働組合連合に改称、しばしばSUDと呼称される)である。彼らにとって、既存のセンターや政権は、労働者の要求に反するかぎりは「外」の存在であった。

不況の最大の被害者である貧困層や失業者を援助したり、代表的な「外」として攻撃の対象となった移民を支援したりして、国民の統合を維持しようとする自発的な運動が始まり、広まったのも、八〇年代である。

一九八五年一二月には、喜劇役者コリューシュ(Coluche)が、ボランティアの協力を得て失業者やホームレスに食事を提供する「心のレストラン(Restos du cœur)」を始め、全土に広まった。ホームレス支援運動としては、空き家を占拠するスクワット(squat)が以前からおこなわれ、違法行為とみなす警察の介入や、生存権を保障するための緊急手段とみなす一部政治家や知識人の支持表明を招いていたが、九〇年一〇月には居住権協会(Droit Au Logement)が結成され、スクワットしているホームレスの転居先の供給を行政当局に義務づけることをめざす運動を始めた。

パリでの「心のレストラン」．中央の男性がコリューシュ(1985年12月1日) Getty Images

移民支援運動としては、一九八四年一〇月、排外主義に反対し、フランス社会の多文化共生化を進めることを目標とする団体「ＳＯＳ人種差別主義(SOS Racisme)」が結成され、ひろく人びとの支持を得た。

その一方で、これらの動きに抗するかのように、苦境にある人びとの怒りを吸収したのが、国民戦線である。八〇年代、国民戦線は経済的困窮の原因を「外」たる移民に帰して急成長するとともに、排外主義を政策として裏付ける論理を打出した。それが「差異への権利(droit à la différence)」である。

差異への権利とは、国民や民族（エスニシティ）はおのおの固有の文化や集合的アイデンティティをもち、それらは相互に尊重されるべきである、という思想である。これは、典型的なアイデンティティ・ポリティクスの言説である。たとえば、フランス国民と移民は相互に異なる文化や集合的アイデンティティをもち、この相違の尊重を求める権利をもつ。ここまでは、よい。ただし、ここからは、フランス国民には多文化共生を志向する必要はないし、移民を受入れる義務もない、という政策的含意が導出される。差異への権利論において「みんな違って、みんないい」（©金子みすゞ）という一見他者への寛容にみえる立場は、結局は排外主義に帰着する。

こうして、一九八〇年代をつうじて、フランス社会の分裂の対立軸は「上か、下か」から「内か、外か」に移動してゆく。七〇年代に新しい社会運動やアイデンティティ・ポリティクスが登場するなかで可視化された内外対立は、不況が続き、左翼政権が誕生するなかで、上下対立をこえて前景化してゆくのである。

第6章

停滞，動揺，模索

—1990年代—

マーストリヒト条約批准の国民投票に臨むミッテラン大統領夫妻（1992年9月20日）Getty Images

1　争点化する欧州統合

一九九〇年代は、日本では、バブルが崩壊し、長い(そして今日まで続く)経済停滞が始まった時代である。フランスについていうと、八〇年代末に、石油危機以来続いた不況からようやく立直ったかにみえたが、経済状況は九二年にはふたたび悪化に転じる。そののち、フランスは日本と同様に長い停滞期に入り、原因の所在をめぐって社会・世論の分裂と、それを反映した政治の混乱が続くことになる。

冷戦の終結

世界にとって、一九九〇年代は、八九年一一月、ベルリンの壁が崩壊し、東西冷戦の終結を予告したときに始まった。そのインパクトは、欧州、欧州共同体、そしてフランスにとって、きわめて大きなものであり、そこから数々の解くべき課題が生じた。

これら課題は、おおきく三つに整理できる。

第一の課題は、ドイツ再統一の動きにいかに対処するかである。分断国家だった東西ドイツは再統一を望み、一九九〇年に入ると、東ドイツ諸州が西ドイツに加入するというかたちで再統一を実現する方策を採用し、そのために必要な政治的および法的な手続きを急速な勢いで進めはじめた。

フランスにとって、これは、経済的および政治的な大国が登場し、欧州におけるパワーバランスが崩れることを意味した。大統領ミッテランは、当初再統一に反対したが、両ドイツ国民に広まる再統一の機運には抗しがたく、統合欧州という枠組みを維持強化することによって統一ドイツの突出を抑えるという方針に転換した。

思いおこせば、そもそも五一年に欧州石炭鉄鋼共同体が結成されて欧州統合が始まったとき、その目的のひとつはドイツの暴走を防止することであった。かくしてフランスその他諸国が再統一を支持することになり、九〇年一〇月、ドイツ再統一が実現した。

第二の課題は、冷戦の終結を受けて、ソ連の勢力下にあったいわゆる東欧諸国で予想される混乱に対して、フランス単独で、あるいは欧州共同体として、いかなる態度をとるべきかである。この予想は、一九九一年六月、ユーゴスラヴィア内戦が始まることによって現実のものとなった。内戦は、国際連合（国連）の仲介、国連平和維持軍の派遣、さらには北大西洋条約機構軍の参戦などによって終結にむかったが、一〇万人単位の死者と一〇〇万人単位の難民を生んだ内戦は、欧州共同体のありかたに深刻な問題と疑問をつきつけるものであった。

おりしも欧州共同体では、単一欧州議定書(一九八七年発効)による市場統合の完了を目前に控え、次の方策として、欧州通貨単位に代えて単一通貨を導入することを提言する報告書が、欧州委員会委員長ドロールから提出されたところであった。八九年末から翌年にかけて、首脳会議が断続的に開催され、単一通貨の導入に加えて、ドイツ再統一が承認されるとともに、外交・安全保障の共通化、司法・内務行政における域内協力の導入が決定された。

これらを実現するべく、ローマ条約とブリュッセル条約に代えて、欧州統合の新しい基本条約が締結されることになった。一九九二年二月、経済領域における統合を中心とする欧州共同体を改組し、経済、通貨、外交、安全保障、司法、内務行政といった広範囲における統合をめざす欧州連合(European Union)を設立する欧州連合条約、通称マーストリヒト条約が加盟一二カ国間で調印され、翌年一一月に発効した。欧州連合加盟国の国民に対しては「欧州連合市民権」が与えられた。ここに欧州連合が発足し、第一と第二の課題に対しては一定の回答が与えられた。

そして第三の課題は、社会主義体制下で経済成長に後れを取っていた東欧諸国などが欧州共同体(のち欧州連合)に加盟を申請する可能性があるが、この事態にどう対処するべきかである。一九九三年六月、欧州共同体の首脳会議は、近く成立する欧州連合に加盟する基準として、民主主義、法の支配、人権尊重、および少数派保護などの政治的基準、市場経済などの経済的基準、そして欧州連合の諸規定の遵守を挙げた。

これら三基準は、会議が開催された都市の名をとってコペンハーゲン基準と呼ばれるが、一見きわめて妥当なものにみえる。ただし、同基準の背後には「欧州とはなにか」に関する定義が隠れている。この定義が明るみに出たのが、トルコの加盟申請をめぐる問題である。トルコは、すでに一九八七年に欧州共同体への加盟を申請し、九六年一月には欧州連合加盟の前提となる関税同盟を結んだが、正式加盟には共同体・連合内に根強い反対があり、今日に至るも実現されていない。加盟反対論は、おもに政治的基準が満たされていないことを根拠にしているが、実際には、地理、宗教、歴史などの要因に着目して「トルコは欧州ではない」と判断する主観的な感覚にもとづいているといってよい。

統合深化のインパクト

マーストリヒト条約と、そこで確認された欧州統合の深化は、フランスに大きなインパクトを与えた。

単一欧州議定書に定められたとおり、一九九三年一月、欧州共同体内部におけるモノ、カネ、サービスの移動が自由化された。これにより、フランスが国際競争力をもたない部門の財が、国内に自由に流入することになった。また、外国資本の積極的な流入も始まり、フランス企業の買収や外国企業との合併がみられるようになった。これらは企業倒産や人員整理をもたらすから、失業者の増加につながるだろう。

ところが、政府には打つ手がなくなっていた。マーストリヒト条約は一九九九年に単一通貨を導入することを定めたが、同時に、単一通貨圏に参加するためには、物価上昇率が高くない（加盟国内でもっとも低い三国の平均上昇率と比較してプラス一・五％以内）ことと、単年度財政赤字が国内総生産の三％以下であることという、二つの条件を満たさなければならないとした。これにより、政府は、単一通貨を導入しようとすれば、不況に際して、貨幣供給量を増やして（物価を引上げることによって）生産を喚起する金融政策も採用できないし、公共支出を増やして需要を直接増加させる（ケインズ主義的な大きな政府型の）財政政策も採用できないことになった。

政府ができることといえば、直接的にか間接的にか産業構造さらには社会経済構造の改革を促すこと、すなわち競争的ディスインフレ政策のみである。しかし、これは、成熟部門を中心に失業を生まざるをえない。

また、ヒトの自由な移動すなわち国境検査の廃止については、治安上の観点から一部で反対が強かったため、当初は欧州統合の枠外で進められた。すなわち、一九八五年六月、フランス、西ドイツ、ベルギー、オランダ、ルクセンブルクの五カ国がシェンゲン（ルクセンブルク）で国境検査の廃止を定めた協定、通称シェンゲン協定を結んでいた。その後、単一欧州議定書やマーストリヒト条約を受け、九七年一〇月、欧州連合加盟国は、国境検査の廃止を(アイルランドとイギリスを適用除外したうえで)遵守されるべき規定と位置づけるアムステルダム条約に調印した(九九年五月発効)。

しかし、ヒトの自由な移動は、危険人物の流入による犯罪の増加や、東欧諸国などからの移民の流入による失業の増加と賃金の低下をもたらす可能性がある。この事態に対する不安は、人びととりわけ民衆層のあいだに広まり、欧州統合に対する懐疑を惹起してゆく。

また、同じアムステルダム条約では、司法分野における国家間協力を強化するとともに、外交と安全保障について欧州連合を代表する共通外交・安全保障政策上級代表、通称EU外相職が設置された。これは、外交や軍事という、まさにかつてドゴールが追求したフランスの栄光の中核に位置する政策の権限までが欧州連合に委譲される第一歩と捉えられ、一部のドゴール派をはじめとするナショナリストから強い反発を受けることになった。

国論の二分化

深化する欧州統合は、フランス社会に与えたインパクトが大きかっただけに、その是非をめぐって国論は二分し、相対立した。その一九九〇年代における頂点が、九二年九月、マーストリヒト条約の批准の是非をめぐって実施され、批准支持が五一・〇四％（五四万票差）という真の僅差で勝利した国民投票であった。

国民投票に際して、四大政党のうち社会党、共和国連合、そしてフランス民主連合は、批准を支持する立場を明らかにした。ただし、社会党内部では、ミッテラン政権下で大臣を歴任してきたジャンピエール・シュヴェヌマン（Jean-Pierre Chevènement）が条約に反対し、翌一九九三年五月には社会党を離党して新党・市民運動（Mouvement des Citoyens）を結成した。右翼政党側では、共和国連合の重鎮政治家であるフィリップ・セガン（Philippe Séguin）とシャルル・パスカ（Charles Pasqua）が、フランス民主連合に属するフィリップ・ドヴィリエ（Philippe de Villiers）とともに、反条約キャンペーンを展開した。これら三党は、条約批准の是非をめぐって事実上分裂したのである。さらに、共産党、国民戦線、および国政に進出しつつあった極左政党・労働者闘争（Lutte Ouvrière）は党として、また緑の党については党内多数派が、おのおの条約に反対した。

こうしてみると、条約の賛否をめぐる対立軸は、既存の左右対立という軸とは異なったところに位置することがわかる。左右両派は、欧州統合をめぐって内部対立に陥ったのである。

それでは、条約の賛否をめぐる対立軸はいかなる性格を帯びていたのだろうか。それを知るには、条約反対派の論理を確認することが有益である。

まずシュヴェヌマンら既存大政党の反主流派は、マーストリヒト条約はフランス国家の主権を侵すと主張し、反対した。彼らはナショナリストであり、ここには人びとのアイデンティティをめぐる「フランス人か、欧州人か」という対立軸がみてとれる。

これに対して、共産党、国民戦線、労働者闘争、緑の党多数派は、マーストリヒト条約は(欧州共同体のち欧州連合の本部が位置する)ブリュッセルに巣くうEU官僚によって策定されたものであり、富と知と力をもつ支配階層のみを利し、労働者など民衆層の利益を損なうと主張した。彼らにいわせれば、条約が体現する欧州統合の深化は、民衆層にとっては、購買力や賃金の低下、失業の可能性、そして治安の悪化を意味するにすぎない。ここにおいて「親欧州か、反欧州か」という対立は、社会階層構造における上下対立とオーバーラップする。

たしかに、マーストリヒト条約には「社会議定書」が付され、そこでは、雇用の促進、生活条件と労働条件の改善、社会保障制度の適正化、社会パートナー間の対話、持続可能で高水準の雇用を保障するための人材開発、労働市場から排除された人びとの統合がうたわれていた。ここには、いわば「社会的欧州(ソーシャル・ヨーロッパ)」の可能性がみてとれる。

ただし、多くの人びと、とりわけ民衆層にとって、緊縮政策を迫る欧州統合は、みずからの生活を脅かす経済的自由主義や、始動しはじめたグローバル化と同義であった。批准反対派が予想外の規模の支持を得たのは、彼らの主張が民衆層の不安とシンクロナイズしたからであった。

2 動揺する社会

テロリズムの輸入

一九九〇年代、フランスでは、内政と外政が不穏なかたちでリンクするという状況が生じた。その代表的な事例がアルジェリア情勢である。

同国は、一九六二年の独立以来、国民解放戦線の一党独裁のもと、国内で産出される石油の輸出から得られる収入をもとに、産業の振興とインフラストラクチュアの整備を進めてきた。しかし、二度の石油危機の反動として、八〇年代なかばから石油価格が低落すると、同国は経済危機に陥り、政府に対する国民の不満が高まった。八八年秋、各地で反政府暴動が発生したことを受け、大統領シャドリ・ベンジェディド(Chadli Bendjedid)は民主化すなわち一党独裁の放棄を決断した。

経済危機に対する国民とりわけ民衆層の不満を吸収したのが、イスラムの教義にもとづく国家建設を主張するイスラム主義者である。彼らは、ひろく慈善行為を展開することによって破竹の勢いで勢力を伸ばし、一九八九年二月に政党・イスラム救国戦線(Front Islamique du Salut)

を結成するや、九一年一二月の立法議会選挙第一次投票で圧勝の勢いを示した。イスラム主義の浸透を憂慮する国民解放戦線と、その影響下にある軍部は、翌年一月、選挙を無効とするとともにシャドリに大統領辞任を強要し、国家最高評議会を設置して全権を掌握した。これに対してイスラム主義派は武装抵抗を開始し、軍事組織として九二年六月に武装イスラム集団(Groupe Islamique Armé)、九四年七月にイスラム救国軍(Armée Islamique du Salut)を結成した。かくして、イスラム主義勢力と軍部とのあいだで、その後一〇年以上にわたって続き、死者一〇万人以上を数えることになる内戦が開始された。

フランスにとっての問題は、フランス政府が事実上国家最高評議会側を支持したことにあった。反発したイスラム主義勢力は、九四年、フランスを敵と認定し、武装攻撃の対象とした。これに対し、一九九五年に発足するシラク政権は、アルジェリア内戦については反イスラム主義の立場を明確にした。このようにして、内政と外政がリンクする。

はやくも九四年末にはエール・フランス機がハイジャックされ、翌九五年には、パリの公共空間や各地の公共交通機関に時限爆弾が仕掛けられ、犠牲者を出した。政府はこれらを「テロリズム」と認定し、いまやフランス本土はテロリズムの舞台となった。本土が本格的、日常的、かつ無差別なテロリズムの対象となったのは戦後初のことであり、人びとの不安には大きなものがあった。

テロリズム対策として、公共空間のゴミ箱などが撤去され、また、兵士や武装警官が軽機関銃をかかえて鉄道駅や空港などをパトロールするようになった。これは、いまや欧州各地でおなじみとなった光景であるが、かくなる光景がフランスでみられるようになった契機はアルジェリア内戦であった。

そして、テロリズムに対する恐怖は、今度はアルジェリア人、アルジェリアからの移民、さらにはトルコやマグレブなどから来るムスリム移民に対する不信感に転じ、排外主義の勢力拡大と移民問題の複雑化をもたらすことになる。

労働市場と社会問題

ミッテランの実験が失敗したのち、政界さらには政官財トライアングルでは、経済政策として競争的ディスインフレ政策を採用する点でコンセンサスが成立した。一九九〇年代に入ると、同政策が功を奏し、物価上昇率は大幅に低下した。

ただし、九〇年代前半は、世界的な景気停滞の時期であり、再統一のコストに苦しむドイツが陥った深刻な不況が伝播するという事態もあいまって、フランスではまたしても失業率が上昇しはじめた。これに対して、競争的ディスインフレ政策のもとでは、対応策は、企業の生産性の向上か、産業構造さらには社会経済構造の転換しかない。実際、九三年に欧州単一市場が機能しはじめたことなどを契機として、単一市場にむけた輸出は増加し、そのなかで、ゆるやかに、国際競争力の低い企業の規模縮小あるいは退場や、低生産性部門から高生産性部門にむけた諸資源の移動が進んでゆく。しかし、これらが実現するには相当の時間を要する。結果として、九〇年代フランスの失業率は高い水準にはりつくことになり、人びとの不満と社会の動揺が高まる一因となった。

フランスの失業率が高いことの背景には、もうひとつ、戦後フランスの労働市場さらには社会構造全体がもつ独特の特徴、すなわち労働市場の硬直性があった。これは戦後を一貫する現象であるが（前章第3節参照）、一九八〇年代なかばから、企業は、硬直的労働市場の問題点の回避策として、有期雇用契約を活用しはじめた。しかし、同契約終了時に無期契約に転換される割合は、フランスでは三分の一から半分程度といわれており、残りの契約終了者は失業してしまう。こうして、法的な規制に守られた無期雇用契約労働者すなわち「内」と、法的にも社会的にも不安定な状態にとどまらざるをえない失業者や有期雇用契約労働者すなわち「外」が分裂し、場合によっては相対立する。前者は後者を「低生産性人材、低学歴者、犯罪者予備軍」などとみなして忌避し、後者は前者を「既得権益の享受者」として批判することになる。

失業者、有期雇用契約労働者、さらにはおなじく「外」に位置する移民は、かくして「内」に位置する無期雇用契約労働者、中間層、支配階層から、社会政策の対象と位置づけられる。

前者をまとめて社会的弱者と呼ぶとすれば、社会的弱者は、政治の領域では、政策的に包摂および統合されるべき存在となる。ただし、社会すなわち日常生活の領域では、彼らの包摂や統合が人びとに支持されるという保証はない。実際には、フランス各地で彼らは排除され、バンリューに位置する団地に「隔離」される。そして、隔離されて不可視化された彼らは、その一方で麻薬取引や(自動車窃盗など)軽犯罪の温床という烙印(スティグマ)を押され、社会問題を体現する存在にして治安政策の対象として認識される。ここでもフランス社会は分裂してゆく。

対立と統合の構造

このように、欧州統合が進むなかで不況やテロリズムに直面するという経験を重ねるうちに、世論は重層的に対立し、社会は重層的に分裂してゆくことになった。

ここまでの流れを整理しておこう。

終戦直後、社会の領域における主要な対立軸は「上(支配階層から中間層まで)か、下(中間層から民衆層まで)か」に置かれた。その後、重要な政治勢力であったドゴール派が、包括政党から、支配階層と(新)中間層を代表する政党へと変質するなかで、政治の領域における「右か、左か」という対立軸が成立し、「上か、下か」にオーバーラップした。こうして、一九七〇年代、「上、右」を代表する二党(共和国連合、フランス民主連合)と「下、左」を代表する二党(共産党、左派急進運動を含めた社会党)が対峙する構図が生まれた。

のち八〇年代から九〇年代にかけて、「内か、外か」という対立軸にもとづくアイデンティティ・ポリティクスに立脚する政治勢力である国民戦線や緑の党が、国政政党として登場した。九〇年代に欧州統合が進むと、主要四政党が「親欧州か、反欧州か」という対立軸に沿って部分的に分裂し再配置されるという現象が生じた。すなわち、九三年にはシュヴェヌマンら社会党内の反欧州派が脱退して市民運動を、九四年一一月にはドヴィリエらフランス民主連合内の反欧州派が脱退してフランス運動(Mouvement Pour la France)を、おのおの結成した。また、同時期には、労働者闘争や革命的共産主義者同盟(Ligue Communiste Révolutionnaire)といった(かつては泡沫政党だった)極左政党が一定の支持を得るようになり、国政に姿を現した。ちなみに両党は「下、左」で一貫している。

かくして、九〇年代のフランスは、「上か、下か」、「右か、左か」、「内か、外か」、そして「親欧州か、反欧州か」という四つの対立軸が、重層的かつ複雑に絡みあい、また場合によってはオーバーラップしながら存在する、という状況となった。人びとは、このような複雑な状況のなかで行動し、意思決定し、路線選択しなければならない。そこから社会の動揺が生まれる。

ここで四つの対立軸を整理し、主要政治勢力を位置づけてみたい。九〇年代最大の問題は社

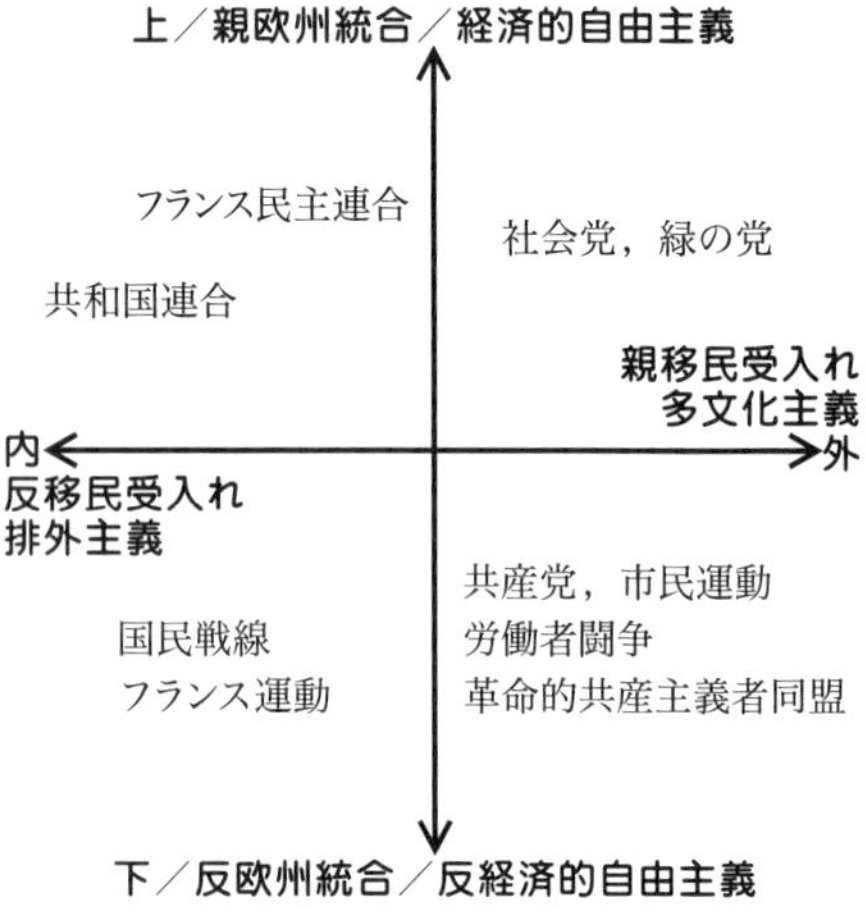

上／親欧州統合／経済的自由主義

フランス民主連合
共和国連合

社会党，緑の党

親移民受入れ
多文化主義
外

内
反移民受入れ
排外主義

国民戦線
フランス運動

共産党，市民運動
労働者闘争
革命的共産主義者同盟

下／反欧州統合／反経済的自由主義

図2

会的弱者とりわけ移民の受入れの是非、そして欧州統合の深化の是非、この二点だったので、両者に即して考えよう。

まず移民に対する態度は、社会的リベラリズムの代理変数と考えてよい。移民に反対する排外主義は「内」を重視し、社会的リベラリズムに反対する。これに対して親移民主義すなわち多文化主義は「外」の包摂と統合を主張し、社会的リベラリズムの立場に立つ。

また欧州に対する態度は、経済的リベラリズムすなわち経済的自由主義の代理変数とみなせる。すなわち、親欧州統合主義は、いまや競争的ディスインフレ政策の支持を意味するから、「上」に有利な経済的自由主義に親和的である。これに対して反欧州統合主義は、同政策の土台となる経済的自由主義は「下」の雇用や生活条件を損なうと主張し、欧州統合を批判する。「親欧州か、反欧州か」は、基本的に「上か、下か」とオーバーラップしていると考えてよい。

縦軸に欧州統合に対する態度(下が反対、上が賛成)、横軸に移民受入れに対する態度(左が反対、右が賛成)を取った直交座標を考える。社会党と緑の党は「賛成、賛成」なので、第一象限(右上)すなわち「上、外」に位置する。労働者闘争、革命的共産主義者同盟、共産党、市民運動は「反対、賛成」なので、第四象限(右下)すなわち「下、外」に位置する。共和国連合とフランス民主連合は「賛成、反対」なので、第二象限(左上)すなわち「上、内」に位置する。ただし前者のほうが反欧州統合度と反移民受入れ度が強いので、前者は後者の左下に位置する。そして、国民戦線とフランス運動は「反対、反対」なので、第三象限(左下)すなわち「下、内」に位置する(図2)。

　このうち左翼政党と呼ばれるのは、社会党、緑の党、労働者闘争、革命的共産主義者同盟、共産党、市民運動である。「右か、左か」は、移民をはじめとする他者に対する寛容や多文化主義の受容の程度を表現し、「内か、外か」という対立軸とオーバーラップしていることがわかる(図3)。

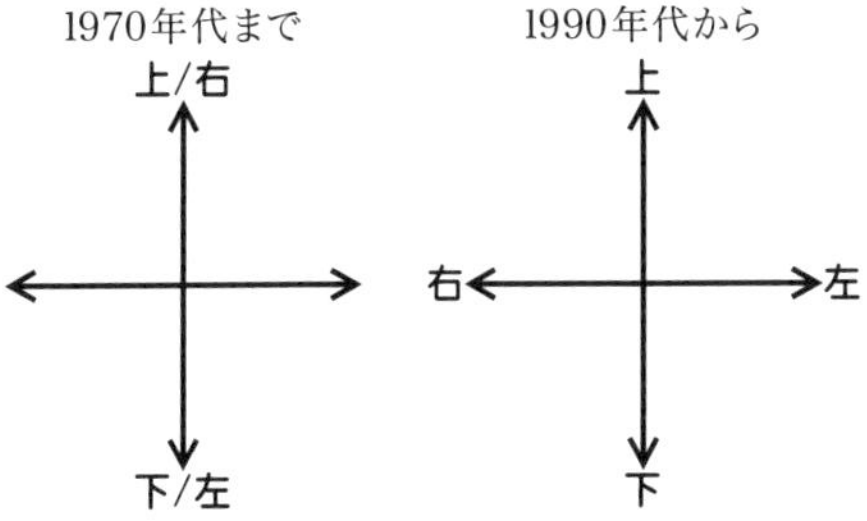

1990年代から
上
右
左
下

1970年代まで
上/右
下/左

図3

　まとめると、四つの対立軸は「上か、下か」と「内か、外か」という、二つのリベラリズムの受容の程度をめぐる軸に集

約できる。また、「右か、左か」は、かつては「上か、下か」を意味していたのが、いまや

「内か、外か」を意味することになる。

3　模索する政治

経済政策の収斂

一九八八年四—五月、ミッテランの再選を賭けた大統領選挙が実施された。第二次投票には彼とシラクが残ったが、ミッテランは国父のイメージを活用し、また各種の失政については首相たるシラクに責任を負わせることにより、圧勝した。ミッテランは首相にミシェル・ロカール(Michel Rocard)を任命するとともに、大統領選挙勝利の余勢を駆って、コアビタシオンを解消するべく国民議会を解散したが、社会党は過半数獲得に失敗し、比較第一党にとどまった。

ロカールは、政策思想的にはマンデスフランスの影響をつよく受け、社会党内の中道派を代表する人物であった。彼は「開かれた内閣」を標榜し、フランス民主連合に所属する議員の一本釣りや、「市民社会」の代表と称する非議員の入閣などを実現したうえで、共産党の閣外協力を得て組閣したが、基本的には少数派内閣であり、議会対策に苦労することになった。

シラク前内閣が推進した国有企業の民営化については、新内閣は「これ以上民営化もせず、

民営化された企業については再国有化もせず」という現状維持政策、通称「ニ、ニ」政策を採用した。さらに、一方では、最低賃金を保障するべく参入最低所得制度（前章第3節参照）を法制化し、また（大規模なストライキの圧力に屈したこともあって）公務員の賃金を引上げるなど、民衆層に目配りした政策を進め、他方では、欧州統合を推進するべく、可能なかぎりで緊縮政策を維持した。まさに中道的な政策路線であったが、最大の課題たる失業率の劇的な低下を実現するには至らなかった。

一九九一年五月、ミッテランはロカールに代えて側近エディット・クレッソン（Edith Cresson）を首相に任命した。クレッソンは、単一市場の成立を目前に控え、自動車産業や電子産業などの国際競争力を強化することが必要であると判断し、そのためには国家介入もやむをえないと主張した。とくに電子産業については「戦略的部門なので、特例措置が妥当である」（『レクスプレス』九二年二月六日号）と明言し、赤字に陥っていた国営コンピュータ企業ブルや国営電子企業トムソンの救済にのりだす姿勢をみせた。これは、かつてのゴーリスムを髣髴とさせる上からのディリジスムにもとづく産業政策の（再）導入であり、経済政策の転換を意味する。しかし、九二年四月、クレッソンは地方選挙敗北の責任をとって辞任し、政策が実施に移されることはなかった。

一九九三年三月、国民議会選挙が実施され、共和国連合とフランス民主連合が地すべり的な勝利を収めた。社会党の敗因は、長期政権につきものの政治スキャンダルが噴出し、有権者の反感をかったことにあった。ミッテランは共和国連合エドゥアール・バラデュール(Edouard Balladur)を首相に任命し、二度目のコアビタシオンが始まった。

バラデュール内閣は、マーストリヒト条約の批准を受けて緊縮政策を進めるとともに、「ニ、ニ」政策を放棄して国有企業の民営化を再開した。具体的には、ブル、エルフ・アキテーヌ(石油精製)、ルノーをはじめとする二一社の民営化が計画された。

ミッテランの実験が失敗したことが判明したのちは、左右どちらの政党が内閣を担おうとも、とりうる経済政策は大差ないものとなった。欧州統合が進むなかでは、経済政策は収斂せざるをえなかったのである。

シラク政権

一九九五年四—五月、ミッテランの後任を選ぶ大統領選挙がおこなわれた。共和国連合からは、党首シラクのほか、大きな失政もなく、温厚な人柄で人気を得ていた首相バラデュールが立候補した。フランス民主連合は、政策的に近いバラデュールを支持し、独自候補の擁立を見送った。シラクは、バラデュールとの違いを打出すべく「下、外」方向に接近し、政官財トライアングルの単一思考を批判しつつ、「社会的分裂(fracture sociale)」を解消する「新しい政策」

の体現者を自任した。

社会党では、かつてモーロワ内閣期に蔵相として社会党の政策転換を主導し、一九八五年に欧州委員会委員長に就任して欧州統合を推進してきたドロールを推す声が高かった。しかし本人が辞退したため、有力候補不在の状況に陥った。最終的に、党内予備選挙を経て、元第一書記リオネル・ジョスパン(Lionel Jospin)が候補となった。

第一次投票の結果、ジョスパンとシラクが決選投票に進んだ。両者は、失業問題の解決を最重要な政策課題とする点では共通したが、その方策としては、ジョスパンは労働時間短縮によるワーク・シェアリングを、シラクは企業の社会保険料負担の軽減と国有企業の民営化を、おのおの主張し、違いをみせた。第二次投票では、シラクが僅差で勝利した。

シラク(一九三二年生)は、グランゼコール出身の官僚であるが、「ブルドーザー」の異名をとる行動力で首相時代のポンピドーに見出され、六七年三月の国民議会選挙に立候補、当選するやただちに入閣するという、まさにエリートコースを辿った人物である。その後もポンピドー政権下で重要閣僚を歴任し、ジスカールデスタン政権成立と同時に首相に就任するとともにドゴール派の総帥すなわち事実上の大統領候補となった。

シラクは腹心アラン・ジュッペ(Alain Juppé)を首相に任命し、経済問題をはじめとする内政にあたらせた。大統領選挙では「社会的分裂」の解消を公約したシラクだったが、ジュッペ内閣がおこなったのは緊縮政策と民営化、すなわちバラデュール内閣と同じ政策であった。また、移民問題については、不法滞在移民の強制排除と国外退去を推進するとともに、一九九七年四月には不法滞在移民のパスポート没収などを内容とする移民法、通称(内相の名をとって)ドブレ法を制定させた。これは「上、内」に属する政策パッケージであり、シラクが大統領選挙期間中にみせた「下、外」方向への接近は、結局は一種のリップサービスにすぎなかった。

さらに、ジュッペ内閣は、単一通貨圏参加の条件を満たすべく、公務員の賃金凍結および年金受給開始年齢引上げや、増税によって、財政状況を改善しようとしたが、これらは国民各層とりわけ労働組合から猛反発を招いた。一九九七年五月、事態を打開するべく、シラクはジュッペの提案を容れて国民議会解散という賭けに出たが、選挙では社会党を中心とする左翼政党に大敗した。彼はやむなくジョスパンを首相に任命し、三度目のコアビタシオンが始まった。

ジョスパンは「多元的左翼(gauche plurielle)」を自称し、社会党、左派急進運動が(一九九四年に急進派、さらに)九五年に改称した急進社会党(Parti Radical-Socialiste)、共産党、緑の党、市民運動からなる左翼連立内閣を組織した。

もっとも、経済政策については、マーストリヒト条約という「コルセット」のもとでは、経済的自由主義政策の放棄といった大きな変革は望めない。ジョスパン内閣もまた、アエロスパシアル(航空機製造)、クレディ・リヨネ(銀行)、エール・フランス、フランス・テレコム(電話)、トムソン（電子）などの大企業について、株式の一部売却という緩やかなかたちをとりつつ、民営化を進めた。緊縮政策についても、基本的に維持の方向がとられた。ただし、一九九〇年代後半は景気回復期にあたっていたため、一定の雇用対策を進める余地が生まれた。九七年一〇月、若者雇用促進法が制定され、三五万人を目標として、若者失業者が公務員として雇用された。九八年一二月、身体障害者雇用促進協定が締結された。かくして、失業率は、九九年からゆるやかに低下しはじめる。

経済政策の領域で新味を発揮しがたいとすれば、それ以外の政策領域に目をむけるしかない。ジョスパン内閣は、移民受入れの促進、男女共同参画、性的少数派の権利擁護、労働条件の改善など、社会的リベラリズムの強化を、主要な政策路線として打出した。社会的リベラリズムにもとづく国民統合が意図されたのである。

具体的には、ドブレ法の移民規制を緩和する移民管理法により、亡命希望者の受入れの拡大や、正規移民に対する各種手当の支給などが定められた（一九九八年四月）。市民連帯協約（ＰＡＣＳ）法により、共同生活を営むカップルに対して、性別にかかわりなく財産所有や相続などについて一定の法的権利が認められた（九九年一〇月）。議員職や公職に対するアクセスの男女平等促進法、通称パリテ（等量）法により、すべての議会選挙について立候補者を男女同数にすることが定められた（二〇〇〇年六月）。さらに、労働時間短縮法、通称（労相の名をとって）オーブリ法により、週労働時間は四〇時間から三五時間に引下げられた（九八年六月、二〇〇〇年一月）。

これら施策はフランスに「社会的進歩」をもたらすとして好意的に受止められ、おりからの（一定の）景気回復もあって、ジョスパン内閣は高い支持率を誇った。

社会保障制度の整備

一九九〇年代は、セキュの整備や改革が進んだ。九〇年代は、ほぼジョスパン内閣期にあたる末期を除き、不況が続いた。購買力低下と失業に苦しむ人びとにとって、最後のセーフティネットは広義の社会保障制度である。しかし、このうち公的負担による公的扶助は、財政状況を悪化させるから、マーストリヒト条約の「コルセット」のもとでは拡充しがたい。残るは保険形式の社会保障、すなわちセキュである。ところが、社会保険は不況に弱い。失業者が増えると保険金支出は増え、その一方で保険料収入は減るからである。かくして、不況が続くなか、セキュは赤字が累積する状態に陥り、抜本的な改革が不可避となっていた。

終戦直後に導入されたセキュは、本来はすべて社会保障金庫が担当することになっていた。これを「一般制度」と呼ぶ。ただし、公共セクターを中心として一部の産業部門や企業は、独自に、「特別制度」と呼ばれる個別の保険金庫（日本の共済制度に近い）を設置して運営していた。

このうち一般制度については、一九九一年、ロカール内閣が、目的税によって財源を公的に補塡および確保するべく、一般社会税（contribution sociale généralisée）を導入していた。失業保険についてはすでに公的支出が導入されており（六七年）、セキュは社会保険の色を薄めてゆく。

一九九五年に首相に就任したジュッペは、一般制度と特別制度の双方を対象として、セキュの抜本的な改革にのりだした。同年一一月、彼は国民議会で「社会保護（protection sociale）改革計画に関する総合政策」について演説をおこない、そのなかで「セキュの万人化」をキーワードとするセキュ改革計画、通称ジュッペ・プランを提示した。プランの目的は、特別制度を一般制度に統合し、さらに税を財源とする（国庫負担化）ことにより、制度の簡素化と安定財源の確保を図ることであった。

プランにもとづき、運営方針を明確化するべく、財政指針を規定する社会保障財政法が制定された。また、財源を強化するべく、目的税として社会保障債務返済拠出金（contribution pour le remboursement de la dette sociale）が導入された（一九九六年一月）。これら目的税による国庫負担化により、セキュ財政の状況は好転し、九九年からは黒字となった。

さらにジュッペは、改革の本丸である一般制度と特別制度の一本化にのりだし、その第一歩として、公務員の年金の特別制度を一般制度にそろえることを提案した。具体的には、保険料払込み期間を、現行の三七・五年から、一般制度と同一の四〇年に延長する、というものである。ところが、これは、公務員、公務員労働組合、さらにはナショナル・センターの大部分から激烈な反発を招き、役所などの公共機関や、公共交通機関などの公共セクターを中心に、デモとゼネストの嵐がふきあれることになった。

とくに一一月末から一二月はじめにかけての一週間、パリでは、ほぼすべての公共サービスが麻痺し、日常生活に深刻な影響を与えた。のちに「一九九五年の冬」と呼ばれる事態である。一二月なかば、ジュッペは年金改革を事実上断念すると表明し、デモとゼネストはようやく収束の方向にむかった。

不況や低成長の時代において、セーフティネットとしての社会保障制度の役割はきわめて大きい。「一九九五年の冬」の経験は、そのことを改めて教えてくれるものであった。

第7章
過去との断絶？
—2000年代—

サルコジ・フランス大統領(左)とメルケル・ドイツ首相(右)(2007年5月16日) Getty Images

1　「古いフランス」と「新しいフランス」

二一世紀、フランスは、世界各地と同様、グローバル化の開始と、それにいかに対応するかをめぐる試行錯誤の時代に入った。さらに、二〇〇〇年代は、欧州統合の深化と（東方）拡大が進み、フランスあるいは欧州というアイデンティティが動揺する時代ともなった。そのようななか、フランス社会では、新たな分裂と、そして新たな統合の試みが始まる。

新旧対立という言説

二〇〇一年九月、アメリカ合衆国で、いわゆる同時多発テロが発生した。〇三年三月、英米を中心とする多国籍軍がイラクを攻撃し、イラク戦争が勃発した。二一世紀はテロリズムと戦争の時代として始まったのである。

イラク戦争に際して、フランスとドイツは衝突の回避に力を尽くし、いらだつ合衆国政府から「古い欧州」と揶揄された。これに対して、フランス外相ドミニク・ドヴィルパン（Dominique de Villepin）は国連安全保障理事会で自国をあえて「古い国フランス」と呼び、古さの意義を強調した。ちなみに仏独に対置される「新しい欧州」とは、いちはやく多国籍軍に兵士を派遣したポーランドをはじめ、同軍に参加した東欧、南欧、北欧の諸国、つまり欧州諸国のほとんどすべてである。

このように新しいものと古いものを対置し、両者の分裂を強調する言説は、じつは「古い国フランス」の内部でも、そしてフランスの内部をめぐっても、出現しつつあった。新しい対立と分裂の登場である。

政治の領域では、二〇〇〇年代は右翼二大政党の再編で始まった。その出発点は、フランス民主連合の事実上の分裂である。同党は大統領としてのジスカールデスタンを支える政党連合として始まったため、一九九〇年代に入ってジスカールデスタンの大統領選挙出馬が（年齢的な問題もあって）想定しがたくなると、深刻なアイデンティティ危機に陥ったのである。

同党の一翼をなす独立共和派は、一九七七年五月に共和党（Parti Républicain）、九七年六月に自由民主党（Démocratie Libérale）と改称し、党首アラン・マドラン（Alain Madelin）のもと、急進的な経済的自由主義と排外主義（「かなり上、かなり内」）を掲げた。これは「内か、外か」という対立軸については国民戦線に近いものであり、翌九八年九月、穏健な経済的自由主義と多文化主義（「やや上、やや外」）を掲げるフランソワ・バイルー（François Bayrou）がフランス民主連合党首に選出されると、自由民主党は同連合から脱退した(図4)。

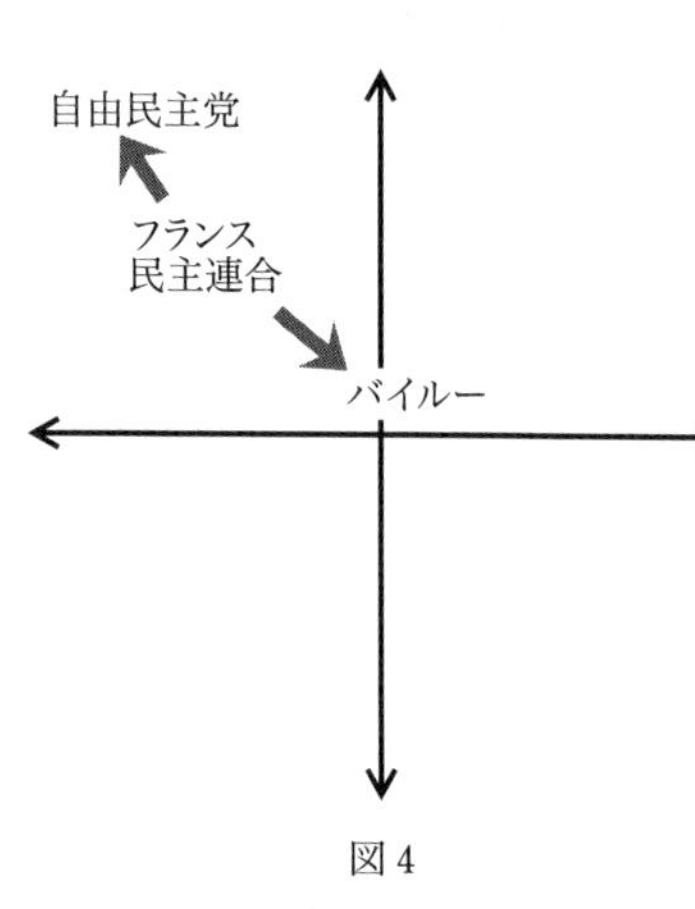

図4

さらに、二〇〇二年の大統領選挙に際して、おなじくフランス民主連合を構成していた急進党と独立派・農民派全国センターは、自派の候補者であるはずのバイルーではなく共和国連合の候補シラクを支持することを決定し、フランス民主連合を脱退した。これを受けて、同年四月、共和国連合は、自由民主党、急進党、独立派・農民派全国センターを事実上吸収合併して大統領多数派連合(Union pour la Majorité Présidentielle)と改称し、一一月には民衆運動連合(Union pour un Mouvement Populaire)と再改称した。

残されたフランス民主連合(ほぼ、かつての人民共和運動が復活したもの)は独自な政党として存続し、のち二〇〇七年五月、民主運動(Mouvement Démocrate)、通称モデムと改称する。

かくして成立した巨大右翼政党・民衆運動連合の内部では、経済的自由主義の立場に立ちつつも、政官財トライアングルを出自とし、ゴーリスムの思想的な影響(上からのディリジスム、民衆層に対する一定の配慮）を捨てきれない「古い」タイプの政治家が多かったが、一部で、政官財トライアングルの外から登場し、経済的自由主義を全面的に擁護する「新しい」タイプの政治家が登場し、前者と並存するようになった。前者の代表がシラクやドヴィルパンであり、後者の代表がニコラ・サルコジ（Nicolas Sarkozy）である。

左翼政党たる社会党のなかでも、労働組合を支持基盤とし、おもに「下」の利害を重視する「古い」タイプの政治家と並んで、環境問題・移民問題・都市問題・地方分権問題などを積極的に取上げ、おもに「外」の利害を重視する「新しい」タイプの政治家が前面に出るようになった。前者の代表が、週労働時間が三五時間に短縮された（一九九八年、二〇〇〇年）際の労相マルティヌ・オーブリ（Martine Aubry）であり、後者の代表が、〇七年の大統領候補セゴレヌ・ロワイヤル（Ségolène Royal）である。

新しさと古さのどちらが良いかについては、客観的な基準はない。しかし、両者を並べられると、たいていの場合、なぜかわたしたちは新しさを選好してしまう。ここで問題になるのはイメージであり、新しさにはプラスのイメージが付与されることが多い。新旧対立の登場は、政治、さらには、その背後に存在する社会や経済がイメージの次元で捉えられ、論じられ、動かされる時代が到来したことをも意味していた。

第二次シラク政権

一九九七年に首相に就任したジョスパンは、景気回復にも助けられた堅実な経済政策と、社会的リベラリズムにもとづいた諸政策で、高い人気を誇ったまま、二〇〇二年四―五月の大統領選挙に出馬した。大統領シラクの再出馬は既定路線だったから、だれもが二人の対決を予想した。ところが、第一次投票の結果、シラクの対抗馬として第二次投票に進んだのは、僅差でジョスパンを抑えた国民戦線党首ルペンだった。これは、ジョスパンの集票力を過大評価した左翼諸政党が候補者を乱立させ、左翼支持票を分散させた、という戦略ミスの帰結だったといわれている。

第二次投票では、「共和国の価値の擁護」の名のもと国民戦線を除くほぼすべての政党の支持を得たシラクが、八割以上の得票率で圧勝した。彼は、フランス民主連合出身のジャンピエール・ラファラン(Jean-Pierre Raffarin)を首相に任命し、直後の国民議会選挙で与党・大統領多数派連合が圧勝したことを受けて、同党の単独内閣を組織させた。

シラクとラファランは、与党の圧倒的多数を背景に、懸案だった課題の解決に乗出した。すなわち、セキュの改革である。ラファランは、その第一歩として「一九九五年の冬」で実現できなかった年金制度の改革に着手し、二〇〇三年一月、厚相フランソワ・フィヨン(François Fillon)に作業を委ねた。

フィヨンは、第一に、ジュッペ・プランを継承して、公務員特別制度の保険料払込み期間三七・五年を、民間を対象とする一般制度と同じ四〇年まで延長する改革を、二〇〇八年に実施すること、第二に、かくして一本化された払込み期間を二〇一二年に一年間延長して四一年、さらに二〇二〇年に一年間延長して四二年とすること、この二点を主な内容とする退職年金改革案を策定し、はやくも二月には概要を提示し、六月には法案化して国民議会に提出した。第一点の目的は、官民格差を是正して社会的公正を実現することであった。また、ジュッペ・プランになかった第二点の目的は、きたるべきベビー・ブーマー世代の大量退職によるセキュ財政の悪化を防ぐことであった。

概要が提示されるや、改革案はナショナル・センターから激しい批判を浴びることになった。とくに五月末から六月にかけて、フランスは「一九九五年の冬」が再現されたかのような大規模なゼネストとデモにみまわれた。法案は七月に上下両院を通過して成立したが、ラファラン内閣の支持率は暴落しはじめた。

二〇〇五年五月、シラクはやむをえずラファランを更迭し、後任に側近のドヴィルパンを任命した。

ドヴィルパン内閣は、もうひとつの懸案である失業問題、とりわけ若者の雇用状況の改善に取組むことになった。二〇〇六年一月、内閣は、若者失業者の雇用促進を目的とする「初期雇用契約（contrat première embauche）」を導入する意向を明らかにし、同契約の導入を含む機会平等化法案を国民議会に提出した。同契約は、二六歳未満で六カ月以上失業している若者労働者について、彼らを無期雇用する企業に対して社会保険料の支払いを三年間免除するというものであり、企業に若者失業者雇用のインセンティヴを与える点については、それなりに合理的であった。

問題は、同契約が、企業は採用から二年間は自由に当該労働者を解雇できるという規定を含む点にあった。高校生や大学生は、これを、若者労働者の使い捨てにつながると捉え、二〇〇六年二月なかばから、大規模なデモやゼネストに訴えた。ナショナル・センターもまた、彼らを支持した。

機会平等化法案は三月三一日に上下両院を通過し成立したが、シラクは反対の声を重くみて譲歩し、その夜ただちに同法を事実上凍結することを表明した。四月一〇日、ドヴィルパンは、同法を撤回する法案を国民議会に提出した。

セキュ改革や失業対策が、いったん可決された法律を政府が撤回するほどまでに大きな反響を呼んだのは、人びとのあいだで、失業や困窮をめぐる不安がそれだけ大きく、また広範囲に及んでいたからである。

実際、この時期、国民戦線、労働者闘争、革命的共産主義者同盟など、左右双方の極端派は、失業や困窮の原因を「外」すなわち移民や「上」すなわち欧州連合あるいは支配階層に求めるという単純でわかりやすい主張を展開し、支持を広げていた。ここでもまたフランス社会は分裂の様相をみせていた。

もちろん統合の試みがなかったわけではない。たとえば、フランス民主連合の党首となったバイルーは、穏健な（政治的、社会的）リベラリズムを奉じる中道の復権を唱え、同党を中道政党化させようと試みた。彼の試みは、一方では同党の分裂を招いたが、他方では二〇〇七年大統領選挙における自身の躍進をもたらすことになる。

新しい世代の登場

二〇〇七年四―五月、シラクの後任を選ぶ大統領選挙が実施された。フランス民主連合の分裂と共産党の退潮を受けて事実上の二大政党となった民衆運動連合と社会党では、おのおのサルコジとロワイヤルという、「新しい」タイプにして（一九五〇年代生まれという）「新しい」世代の政治家が候補者となった。第一次投票では、中道を標榜するバイルー（フランス民主連合）が二〇％ちかい得票を得て躍進し、またルペン（国民戦線）も退潮を予想されつつ得票率一〇％台に踏みとどまったが、第二次投票には、「過去との断絶」を主張するサルコジと、参加型民主主義や環境保護を提唱するロワイヤルが進出し、前者が勝利した。

サルコジ(一九五五年生)は、グランゼコール出身ではなく、パリ大学法学部を卒業した弁護士である。大学入学と同時にドゴール派青年組織に入り、翌一九七四年にはただちに第五共和政民主連合に入党し、活発な党内活動で頭角を現した、いわば「たたき上げ」といえる。一九八八年六月の国民議会選挙において、三三歳で初当選し、以後、シラクをはじめとするドゴール派重鎮の寵愛を受けながら大臣や党要職を歴任して党内基盤を固め、二〇〇四年一一月、民衆運動連合党首となって大統領選挙に備えた。

サルコジは、側近にして盟友フィヨンを首相に任命し、社会党やフランス民主連合の一部政治家を取りこんだ「開かれた内閣」を組織させた。もっとも、実際にサルコジ政権が進めたのは、経済的自由主義政策の徹底化、欧州統合の促進、排外主義への傾斜、すなわち「上、内」方向への移動であった。

二〇〇七年七月には景気刺激策として労働・雇用・購買力促進法が可決成立したが、その内容は、所得税の最高税率の引下げ、相続税控除の対象拡大、一定額以上の資産に賦課される一種の富裕税である連帯財産税(impôt de solidarité sur la fortune)の控除措置導入など、総じて富裕層を利するものであった。また、サルコジは欧州統合の深化と拡大を主張し、そのために仏独枢軸の強化を進めた。ドイツ首相アンゲラ・メルケル(Angela Merkel)とは緊密な人間関係を構築するとともに、政策協調を進め、両者の関係は「メルコジ」と称された。

社会的リベラリズムにかかわる政策領域では、サルコジ政権は、不法移民に対する強硬な態度と、都市問題や移民問題に対して治安の観点からアプローチしようとする態度で特徴づけられる。二〇〇七年一一月、移民管理法が可決成立したが、その内容は、移民による家族呼寄せの制限、不法滞在している移民の本国送還の促進、選択的移民すなわちフランスが必要とする能力を有する移民（のみ）の受入れの促進などであった。

もっとも、サルコジは、国民戦線とは異なり、移民という現象そのものや、移民の多くを占めるマグレブ出身者が奉じるイスラムに反対していたわけではない。サルコジ自身、ハンガリー移民の二世であった。また、二〇〇八年七月、欧州連合と、マグレブ諸国を中心とする環地中海四三カ国からなり、社会経済的発展に関する地域協力をめざす政府間組織「地中海連合（Union pour la Méditerranée）」が発足すると、サルコジ政権は同連合の実質化に尽力した。

サルコジにとって問題だったのは、五月危機（一九六八年）をひとつの契機として広まりはじめたアイデンティティ・ポリティクスが、政治の領域、とりわけ社会的リベラリズムにかかわる政策領域のアプローチを規定する、という事態であった。実際、大統領選挙に際して、彼は五月危機を「価値観もヒエラルヒーも重要ではないという思想」をもたらしたとして批判し非難していた。彼にとっては「内か、外か」という問題設定そのものが好ましからざる、というよりは、どうでもよいことだったのである。

人びとが、社会のルールを尊重したうえで、自由に行動して豊かになれば、それでよい、というのが、サルコジの基本的な立場であり、その意味で彼は経済的自由主義の忠実な信奉者であった。

2　グローバル化

アングロサクソン化

サルコジが経済的自由主義を信奉したことの背景には、まずもって、経済的自由主義の母国たる英米とりわけ合衆国に対する彼の個人的な憧憬があった。日本贔屓で知られたシラクや、イラク戦争をめぐって合衆国とはげしく対立したドヴィルパンと異なり、彼は合衆国を好み、また、そのことを隠さなかった。合衆国に対してコンプレックスをかかえるフランス人としては、これは異例である。

もちろん、ことは大統領の趣味にとどまらない。二〇世紀末からはグローバル化が加速しはじめるが、少なくともその初期において、グローバル化は事実上アングロサクソン化を意味した。グローバル化の加速という事態に直面し、対応を迫られたサルコジ政権にとり、フランス社会をアングロサクソン化することによって経済的自由主義の受容を促すことは、一種の政策パッケージであった。

そもそも、大統領選挙におけるサルコジのスローガンは「もっと働き、もっと稼ごう(Travailler plus pour gagner plus)」であった。これは、直接には、オーブリ法に代表される労働時間短縮の傾向や、すぐにストライキやデモに訴える労働組合に対する批判であったが、さらには「バカンスのために働く」と揶揄されるフランス人のライフスタイルを改革しようという決意表明(宣戦布告)でもあった。グローバル化が進む世界でフランスが生きのこるには、ライフスタイルや心性の次元でアングロサクソン的な「働く文化」を導入することが必要だと考えたのである。

歴代政権にとって鬼門であった社会保障制度とりわけ年金制度の改革については、二〇〇八年七月、国鉄、パリ交通営団、フランス電力、フランス・ガスなどの特別制度について、保険料払込み期間を一般制度にそろえることと、〇九年から年金に物価スライド制度を導入することが定められた。一〇年一一月には、年金受給開始年齢を現行六〇歳から六二歳に(六年かけて段階的に)遅らせる法が成立した。

また、とくに公共セクターにおけるゼネストが国民生活を停止させる事態を避けるべく、ストライキ中でも必要最小限のサービスの供給を義務づける「最小限サービス(service minimum)」の導入が進められた。

鉄道部門については、二〇〇七年八月、「定期地上旅客輸送交通における社会パートナー間の対話と公共サービスの継続性に関する法」が制定され、ストライキを二日以上前に予告することが義務づけられた。これにより、運営主体が事前にスト不参加者を要所に配置するなどスト対応策をとることが期待された。教育部門についても、〇八年七月、「教育施設における最小限受入れサービス法」が制定され、二五％以上の教員がスト参加を予定する市町村立の幼稚園と小学校については、職員を派遣し、登校してくる児童を（なんらかのかたちで）受入れることを、市町村に義務付けた。ただし、これらは労働者の争議権を侵す可能性がある方策であり、その実施については、今日でも試行錯誤が続いている。

さらに、グローバル化時代における生きのこりのカギは技術革新に求められたが、技術革新の中核を担うとみなされた大学など高等教育機関については、二〇〇七年八月、「大学の責任と自由に関する法」、通称（文相の名をとって）ペクレス法が制定された。同法では、国立大学について、学内ガバナンスにおける学長への権限集中、財政的自由度の引上げ、そして外部資金の導入促進など財政基盤の強化をつうじて、国際競争力を強化し、技術革新の拠点とすることが意図された。

これら改革にあたっては、労働組合、教員、学生などからはげしい反対の声が上がり、ゼネストや大規模デモが多発したが、政権は改革を強行した。そして、興味深いことに、政権や内閣は一定の支持率を維持した。その背景には、グローバル化に対応する必要性がひろく認識されつつあったことがある。もちろんその手段の如何は別として、ではあるが。

「普通の国」へ

経済政策の次元でいうと、アングロサクソン型の「働く文化」とは、ミッテランの実験が失敗して以降諸政権のコンセンサスを得た経済的自由主義の受容、すなわち産業政策あるいはディリジスムの放棄を意味する。

いうまでもなく、歴代政権が産業政策を完全に放棄したわけではない。サルコジ政権でさえ、重要な輸出産業である自動車産業を保護するためには、積極的に介入することをためらわなかった。

しかし、グローバル化の時代には、財・サービス・ヒト・資本、さらには情報が、世界を自由に移動する。そのなかで、たとえ先端的ではあってもフランス独自の財やサービスを開発し、世界に広めることは、容易ではない。

たとえば、フランスでは、一九五〇年代から、世界に先駆けて電話回線を利用した情報伝達システムが開発され、八二年にミニテルという名称で商業化された。ミニテルは便利であり、また政府が端末を無償配布するなど強力に普及を支援したこともあって、人びとのあいだに爆発的に広まった。最盛期には、一〇〇〇万台ちかい端末が利用されていたといわれている。しかし、九〇年代末からインターネットとの競合にさらされ、急速に衰退した。

また、ドゴール政権の強力な支援のもと、一九六二年から仏英共同で開発が進められ、六九年に完成し、七六年に商業化された超音速旅客機コンコルドは、折からの石油危機による石油価格高騰のなか、燃費の悪さが嫌われ、一六機を受注するにとどまった。そのため、商業化と同じ七六年、はやくも製造中止が決定された。二〇〇〇年七月、コンコルドはパリ近郊で墜落事故を起こし、三年後に商業飛行から撤退した。

その一方で成功した事例としては、高速列車(フランス語の頭文字をとって)TGVがある。フランス国鉄は一九六〇年代から高速列車の開発をおこなっていたが、七四年、ポンピドー政権はパリ・リヨン間にTGVを導入することを決定し、八一年に商業利用が開始された。TGVは順調に利用者を増やし、パリとフランス各地を結ぶ路線が、専用軌道の建設を伴って、増えていった。また、TGVの車体はおもにフランス企業アルストムが生産を担当していたこともあり、政府はTGV(の車体のみならず、運行システム総体)の輸出にのりだし、フランスとイギリス・ベルギー・スイスなどを結ぶ国際路線のほか、スペイン(AVE)、韓国(KTX)、合衆国(アセラ)などへの売込みに成功した。

航空機製造業の分野では、仏・西ドイツ両政府の強力な支援のもと、一九七〇年に両国合弁企業として設立されたエアバス社が、順調に業績を伸ばし、ボーイング社(合衆国)のライバルに成長している。

グローバル化の時代における企業活動について、さらに注目するべきは、国境をこえた企業買収や企業合同が活発化したことである。フランスもその例外ではない。たとえば、成熟産業である製鉄業については、一九八六年に設立された国有企業ユジノール＝サシロール(Usinor-Sacilor)は、業績悪化に苦しみ、二〇〇二年にルクセンブルクとスペインの製鉄企業と合併して多国籍企業アルスロール(Arcelor)となったが、〇六年、インドの製鉄企業ミッタル(Mittal)に事実上買収された。これとは逆に、ジョスパン内閣のもとで部分民営化が始まったエール・フランスは、〇四年、オランダの航空会社ＫＬＭに対して株式公開買付けをおこなって合併吸収し、当時としては売上高で世界最大の航空会社となった。

こうしてみると、フランスは、経済政策の面からみても、企業活動の面からみても、徐々に「普通の国」化しつつあるといえるだろう。それは、グローバル化の必然的な帰結なのかもしれない。

グローバル化への不安、欧州統合への懐疑

ただし、グローバル化は光と影を伴う。たとえば、ユジノール＝サシロールの歴史は、フラ

ンス各地の製鉄所の閉鎖と労働者の解雇に彩られている。グローバル化の進展に対する人びとの不安は、もっとも身近な「グローバルな」存在、すなわち欧州連合にむかうことになる。

二〇〇〇年代に入ると、欧州統合は、深化と拡大の両側面で、急速に進むことになった。深化の面では、マーストリヒト条約に定められた単一通貨が、ユーロの名のもとに、一九九九年一月に非現金分野に、そして二〇〇二年一月には現金分野に導入され、貨幣ユーロの流通が始まった。それに先立ち、一九九八年六月には欧州中央銀行が設置され、金融政策の機能の相当部分が各国の中央銀行から移管された。

また、二〇〇四年一〇月、ローマ条約、マーストリヒト条約、アムステルダム条約など、欧州統合に関して制定されてきた重要な諸条約を一本化し、欧州連合の土台を「人間の尊厳、自由、民主主義、平等、法治国家、少数派を含む人間の権利を尊重するという価値」に置いたうえで、連合加盟諸国の国民が享受しうる基本的人権、連合の権能、制度、組織などを定める「欧州憲法制定条約」がローマで調印された。

ただし、フランスでは、欧州統合の深化と拡大は、とりわけ民衆層のあいだに、欧州連合との距離感を広げる効果をもたらした。ブリュッセル(欧州連合の本部)はますます遠くなり、EU官僚にはグローバル化の尖兵というイメージが付された。拡大は、賃金の安い東欧諸国に工場が移転することによる産業空洞化や、安い賃金で働く東欧移民の自由な流入による失業率の上昇に対する不安を惹起した。

かくして欧州統合に対する懐疑が広がり、二〇〇五年五月、欧州憲法制定条約の批准の可否をめぐる国民投票では、四五％対五五％という大差で、批准は否決された。

フランスに加え、オランダも国民投票で批准を否決したため、欧州連合は同条約の発効を断念し、二〇〇七年、新しい条約の制定で対応することを決定し、一二月に「欧州連合条約および欧州共同体設立条約を修正するリスボン条約」、通称リスボン条約に調印した(〇九年一二月発効)。

同条約は、欧州連合の権能、制度、組織について、ローマ条約とマーストリヒト条約に部分的な修正を加えるものであり、これにより、経済(欧州共同体)、外交・安全保障、司法・警察の三領域における欧州連合の権能が明確化されるとともに、部分的に強化された。その象徴が、首脳会議たる欧州理事会に常設議長、通称EU大統領が設置されたことである。

統合の拡大については、冷戦の終結を受け、東欧一〇カ国、マルタ、キプロスの合計一二カ国から加盟が申請された。欧州連合は、これら諸国に対して、コペンハーゲン基準(前章第1節参照)をクリアさせることを目的として「加盟指導・援助」と呼ばれる支援をおこなった。また、二〇〇一年二月にニース条約を結び、これら諸国の加盟に備えた機構改革をおこなった(〇三年二月発効)。その結果、〇七年までに全申請国の加盟が実現し、欧州連合加盟国数は二七となった。

3　ポピュリズム

「ピープル」

二〇〇〇年代、とりわけサルコジ政権期(およびそれ以降)のフランスを理解するキーワードのひとつは「ピープル(people)」である。本来「ピープル」は民衆あるいは人びとをあらわす英語であり、対応するフランス語としては、すでに「プープル(peuple)」がある。ただし、今日のフランスで「ピープル」は、日本における「セレブ」に相当する「有名人」を指し、それも若干の揶揄をこめてもちいられる語である。

そもそもサルコジ自身が「ピープル」であった。彼は「ピープル」たらんとし、人びとも彼を「ピープル」とみなした。そのためには、私生活をメディアに露出し、結婚と離婚をくりかえして有名モデルを妻とし、テレビや写真映りを気にして徹底したメディア戦略をとった。これはまさに、典型的な成上りの行動様式である。

サルコジは成上りを自任し、みずからの政権においては、戦後フランスを支配してきた政官財トライアングルよりも成上りを、それもイメージを重視して登用した。彼に重用された代表的な存在が、モロッコ移民とアルジェリア移民を両親にもつ移民二世として生まれ、困窮のなかで苦学して法曹資格を取り、フィヨン内閣で法相に抜擢されたラシダ・ダチ(Rachida Dati)、セネガルに生まれてフランスに移住するも、両親の離婚によってパリのバンリューで生活することを余儀なくされ、苦学の末にジャーナリストとなり、おなじくフィヨン内閣の人権問題担当相にのぼりつめたラマ・ヤド(Rama Yade)という二人の女性である。

かくして、二一世紀に入り、政治は、効果と意義と実現可能性をもった政策の構想と提示よりは、政治家の人格やイメージの売りこみという色彩を強めてゆく。人格とイメージを売りこむためには、人びとがいかなる政治家を求めているかをマーケティングによって把握し、それにもとづいて採るべき人格を構想し、パッケージ化し、単純化し、人びとの感情に訴える広告活動(キャンペーン)を展開して浸透をめざすことが効果的である。この政治形態こそ、いまや日本に暮らすわれわれにとってもなじみ深い語となったポピュリズムである。

ポピュリズムの政治において重要な役割を果たすのがマスメディア、とりわけテレビである。フランスでは、テレビは、一九三五年四月の実用放送開始以来、国営放送が担当するという状態が続いたが、一九八七年、ひとつのチャンネル(ＴＦ１)が民営企業化され、また別の民営放送局(Ｍ６)が免許を認められた。ここで留意するべきは、前者は建設業(ブイグ)、後者は水道事業(リヨン水道)という、報道とは無関係な業界の大企業が主要出資者となったことである。

同じくマスメディアである新聞をみると、唯一の日曜紙『ジュルナル・デュ・ディマンシュ』は防衛産業（ラガルデール）、高級紙『ル・フィガロ』も防衛産業（ダッソー）、経済紙『レ・ゼコー』は奢侈品（モエ・ヘネシー・ルイヴィトン）と、これまた有力紙の多くが他業界の大企業の支配下にある。この状況が政治のメディア化とメディアの政治化を促進することは、いうまでもあるまい。

ポピュリズムが浸透したことの背景には、政治が複雑になって人びとにとって遠い存在となったことと、民衆層と政治の担い手すなわち支配階層との距離が拡大したことがあった。この場合、有権者たる民衆層にとって、複雑な政治を単純化して伝えてくれる存在が必要である。それが、ポピュリズムを奉じる政治家であり、イメージに訴えて「ピープル」をめざす成上り政治家である。「ピープル」という語が人口に膾炙するという現象には、政官財トライアングルの（多少の、ではあるが）揺らぎという、政治さらには社会の変容がみてとれる。

敵はだれか

マーケティングにもとづいてイメージ化された政策を作りあげて人格化し、広告活動を利用して売りこむというポピュリズムにとって、重要なのは、政策が単純なことである。そして、単純な政策に必要なのは、敵である。

二〇〇五年一〇月、パリのバンリューに位置するクリシー＝スー＝ボワ（Clichy-sous-Bois）で、警察の職務質問を逃れようとした二人の移民子弟（チュニジア系の一七歳、マリ系の一五歳）が変電所に逃げこみ、感電死した。これをきっかけとして、移民子弟を中心とする若者たちと警察の衝突が発生し、暴動状態となった。

内相サルコジ（当時）は、警察の対応に非があったことを認めなかった。これはフランス各地で憤激を招き、暴動はクリシーから周辺部に、さらにはフランス各地に広まった。二週間後、ドヴィルパン内閣は夜間外出禁止令の発布を県知事に認める政令を出し、どうにか事態の収拾に成功した。

暴動は五月危機以来といわれる規模に達したため、人びとのあいだに不安と反発、さらには暴動の主要な担い手と目された移民、とりわけ移民子弟（移民二世を含む）に対する反感の広がりを促進した。また、暴動に参加した移民子弟の多くがマグレブ系を中心とするアラブ系ムスリムとみなされたことから、反イスラム感情も広がった。かくして、ポピュリズムが必要とする敵が、移民・移民二世、アラブ系、そしてイスラムやムスリムという、身近で具体的なかたちをとって設定された。

この事態を活用したのが、国民戦線とサルコジ政権である。

二〇〇〇年代後半、国民戦線は、移民反対および欧州統合反対という主要な主張がサルコジやドヴィリエ(フランス運動)と部分的に重なったため、支持率の低下を余儀なくされ、それと同時に財政難に苦しめられていた。しかし、移民、アラブ系、イスラムが敵として可視化されたことは、同党の(いわば)先見の明を表すものと理解された。実際、二〇一〇年代に入り、同党の支持率は驚異的な回復を遂げることになる。これは、国民戦線の「普通の政党」化を意味している。

サルコジは、二〇〇九年一一月、国民的アイデンティティをめぐる討論を全国規模で実施することを呼びかけた。そのうえで、翌一〇年一〇月には、治安の維持を理由として、「公共空間で顔を隠すことを禁止する法律」を制定した。これは、法文に明記はされていないが、全身を覆い、目の部分だけ網状になって視覚を確保するタイプのイスラムのヴェールであるブルカ(burqa)の着用を対象としている。

また、同年、ルーマニア出身のロマ(いわゆるジプシー)のキャンプを閉鎖し、母国に送還するという政策が打出された。ここでもまた、敵を必要とし、敵を(人為的に)創出するというポピュリズム的手法が、具体的に適用されている。

フランスの二一世紀は、グローバル化の急速な進展に伴い、「上か、下か」、「親欧州か、反欧州か」、「内か、外か」、「親移民か、反移民か」、「右か、左か」、さらには「新か、旧か」といった諸々の対立が社会を複雑に分裂させるなかで始まったのである。

終章　その先へ

閉塞感の時代

二〇一二年四―五月の大統領選挙では、再選を狙う民衆運動連合サルコジのほか、社会党と（急進社会党が一九九八年に改称した）左派急進党（Parti Radical de Gauche）が推すフランソワ・オランド（François Hollande）、一一年に父から国民戦線党首の座を継いだマリーヌ・ルペン（Marine Le Pen）、〇八年一一月に社会党を離党して翌〇九年二月に左翼党（Parti de Gauche）を結成し、共産党との選挙連合である左翼戦線（Front de Gauche）を成立させたジャンリュック・メランション（Jean-Luc Mélenchon）、モデムを率いるバイルー、一〇年一一月に緑の党が事実上改称して成立した欧州エコロジー緑の党（Europe Ecologie-Les Verts）が擁立したエヴァ・ジョリ（Eva Joly）などが立候補した。このうちオランドとサルコジが第二次投票に進み、大きな政府の復活と政府主導型研究開発による技術革新の促進を唱えた前者が、緊縮政策の維持を主張した後者を破って当選した。

オランド（一九五四年生）は、グランゼコール出身の官僚という政官財トライアングルの一員であるが、早くから社会党に入党し、ミッテランの側近となった。以後、党内の要職を歴任して一九九七年に第一書記に就任し、一〇年以上にわたって党内の取りまとめに奔走した「党人派」である。

オランドは盟友ジャンマルク・エロー(Jean-Marc Ayrault)を首相に任命し、緊縮政策からの脱却を試みた。しかし、欧州連合加盟諸国が基本的に競争的ディスインフレ政策で合意し、また欧州中央銀行の成立によって金融政策の決定権を大幅に失った状況では、経済政策の転換は容易ではない。結局、オランドは、二〇一四年一月に企業減税を中核とする政策パッケージを提唱し、また三月には緊縮政策派のマニュエル・ヴァルス(Manuel Valls)を首相に任命することにより、緊縮政策に回帰することを明らかにした。

オランドの政策的右往左往は、党内における緊縮政策支持派(通称右派)と反対派(通称左派)の対立を激化させた。また、統合欧州を維持するためには緊縮政策やむなしと考える人びとと、失業を減らすためには緊縮政策を放棄するべきだと主張する人びとの双方を失望させて政権支持率を暴落させるとともに、両者の溝を深めた。後者は社会党を見限り、左翼戦線や国民戦線の支持層と化してゆく。

他方、民衆運動連合では、サルコジの後継者争いを経て、二〇一四年一一月にサルコジが党首に復帰し、翌一五年五月、党名を共和党(Les Républicains)に改称した。ただし、失業率の高止まりを前にして、党内では、失業さらには不況の原因を欧州統合と移民に求めて国民戦線の立場に接近し、同党との共闘を主張する勢力(通称保守派)と、欧州統合の推進と穏健な多文化主義を唱える勢力(通称中道派)の対立が生じ、激化した(図5)。

二大政党がおのおの内部対立をかかえて明確な政策を打出せず、また社会党右派と共和党中道派の区別がつかなくなった状態は、社会に閉塞感をもたらした。この事態を打破するには、分裂を恐れずにラディカルな純化を唱えるか、中道の地点で相当規模の大同団結すなわち統合を図るしかないだろう。前者の路線を代表するのが国民戦線であり、同党は、二〇一四年五月に実施された欧州議会選挙では、新党首マリーヌ・ルペンの新鮮なイメージもあり、ついに二五%弱の得票を得て第一党となった。

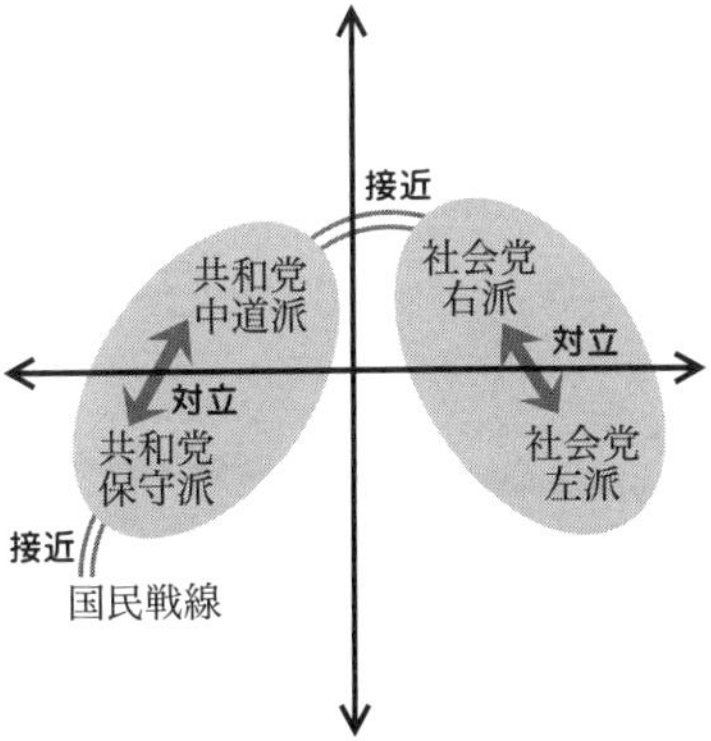

図5

そのような社会状況のなか、二〇一五年一月、週刊紙『シャルリ・エブド(Charlie Hebdo)』編集部とユダヤ食品店が襲撃されるという同時テロが発生した。犯人はイスラム過激主義を奉じるアルジェリア系フランス人(移民二世)の兄弟であり、まさに移民にしてアラブ系にしてイスラムという、可視化されつつあった敵を体現していた。

統合の試みは成るか

これに対して、社会の停滞と閉塞を打破するもうひとつの途、すなわち中道地点における大同団結をつうじて政治勢力さらには国民の統合を図るという冒険にのりだしたのが、オランドの秘蔵っ子エマニュエル・マクロン(Emmanuel Macron)である。彼(一九七七年生)は、グランゼコールを出て高級官僚になるという典型的な「古い」政官財トライアングルの一員であるが、二〇〇八年にロスチャイルド投資銀行の役員に転身し、「新しい」文化に接することになった。その後、一二年に大統領府副事務総長、一四年にヴァルス内閣の蔵相に就任し、オランドの庇護のもと、異例の出世を遂げた。

彼は、親欧州にして、福祉国家的なセーフティネットをそなえた穏健な経済的自由主義を唱える。また、不法移民の取締りを主張しつつも、移民そのものには寛容な姿勢を示し、穏健な社会的リベラリズムの採用を主張する。これは、二つのリベラリズムにもとづく座標軸の交点に近い「上、外」に位置する政治的スタンスである。

交点に近い「上、外」という彼の位置自体は、社会党右派と遠くなく、さほど珍しいものではない。実際、穏健な社会的および経済的リベラリズムにもとづく中道路線を採用し、そのなかで社会経済構造の改革を図ろうとする点において、マクロンは、バイルー(モデム)、ロカール(開かれた内閣)、ジスカールデスタン(先進リベラル社会)、シャバンデルマス(新社会建設プログラム)、さらにはマンデスフランス(マンデス革命)という、戦後フランスに通底する政治的系譜に連なっている。

彼の独自性は、この位置から、交点周辺に位置する諸政治勢力を、党派の枠をこえて統合するという壮大な試みにのりだす、その実行力にある。二〇一六年八月、彼は大臣を辞して独自の政治運動である「前進!(En Marche!)」をたちあげ、翌一七年四―五月の大統領選挙に立候補することをめざした。

大統領選挙を前にして、現職オランドは、あまりの不人気に、再選への立候補を断念した。また、左右二大政党の内部対立が激化し、ともに予備選挙を経て、社会党では左派ブノワ・アモン(Benoît Hamon)が、共和党では保守派フィヨンが、おのおの候補者となった。この事態に不満を抱く社会党右派と共和党中道派はマクロンに接近し、両党は分裂含みとなった。

大統領選挙には、マクロンのほか、国民戦線ルペン、共和党フィヨン、左翼党が二〇一六年二月に改称した「不屈フランス(La France Insoumise)」から立候補し、のちに共産党の支持を得たメランション、社会党と欧州エコロジー緑の党が支持するアモンなどが立候補した。ルペンとメランションはおのおの二〇%前後の得票を獲得して躍進し、現状に対する国民の不満が根

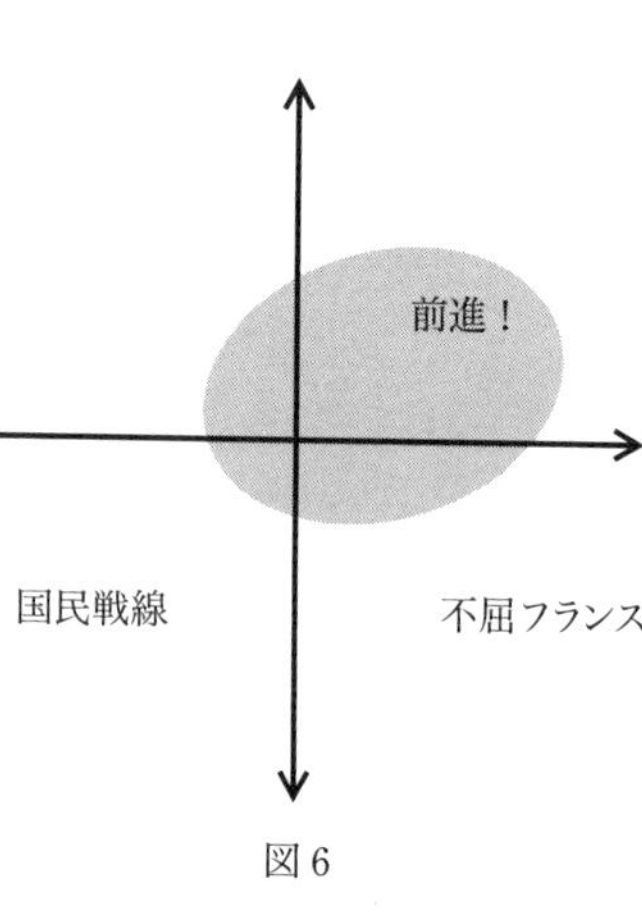

図6

強いことを明るみに出した。第二次投票は、統合路線を体現するマクロンと、分裂純化路線を代表するルペンの一騎打ちとなり、前者が七割ちかい得票を得て圧勝した。三九歳の大統領の登場である（図6）。

マクロンは元共和党中道派のエドゥアール・フィリップ（Edouard Philippe）を首相に任命し、政治運動である「前進！」を共和国前進（La République En Marche）なる政党に改組したうえで、六月におこなわれた国民議会選挙で勝利し、政策の実施にとりかかった。

具体的には、企業内労使関係の合理化をめざして、労働者代表の経営参加システムの簡素化や、中小企業における労使交渉の制度化などを政令で定めた（二〇一七年九月）。また、産業政策を規定する「企業発展・変容に関する行動計画法案」を、国民参加の形態をとりながら策定する試みを開始した（同年一〇月）。さらには、欧州単一市場の深化に対応するべく、国鉄など公共企業の改革に着手している（一八年二月）。

マクロン政権は、国民議会における単独過半数、既存二大政党の不人気や混乱、政治家の世代交代に対する国民の期待などを背景として、これら政策を実現することによって中道地点における国民の統合を図ろうとしている。

しかし、大統領選挙第一次投票における国民戦線と不屈フランスの支持率の合計が四割をこえたことからもわかるとおり、中道化に対する不満は、とりわけ民衆層において大きい。失業率が一〇%ちかいなかで、基本的には緊縮政策にもとづいて国民統合を図ろうとすることは、きわめて困難な試みとなるだろう。稳健なリベラリズムに対する支配階層や中間層の評価は高いが、問題は民衆層である。マクロンの冒険の成否は、緊縮政策の基本線を維持しつつ、彼らの期待に応え、彼らをとりこむ方策を見出しうるか否かにかかっているように思われる。

おわりに

よくいわれることとして、フランスは理念先行の国であるという言がある。たしかにそうであり、フランスの歴史をみて、同国を一種「ドンキホーテ」の国として笑うことは容易いだろう。しかし、理念を放棄し、現実主義者を自称してスマートに振舞うところに進歩はない。大きな失敗はないかもしれないが、革新の芽はない。

現代フランスの人びとは、理念と現実の相克のなかで、両者を調和させる方策を探求して悪戦苦闘してきた。それは、スマートな振舞いではない。むしろ、往々にして、右往左往し、失敗を繰返し、意に沿わない妥協や一歩後退二歩前進（またはその逆）を続けるという、泥臭い営為の積重ねである。この営為の軌跡が、本書でいう「分裂と統合の弁証法」をなしている。

理念と現実は、しばしば相対立する。両者の相克のなかで、わたしたちはいかに行動するべきか——戦後フランスの歴史は、そのような問いを、日本の現在に生きるわたしたちにも突きつけている。

あとがき

大学院に入院した一九八六年から三〇年近く一九世紀フランス農村部社会経済史の研究を続け、さすがにそろそろ飽きてきて、対象を第二次世界大戦後フランスにおける都市計画・都市政策史に変更したのは、あれは知命を迎えた二〇一三年ごろだったろうか。

かくして、人生のおりかえし点を大幅にすぎて「フランス近代史研究者」から「フランス現代史研究者」になったわけだが、いまだに現代史研究の「マナー」がわからず四苦八苦していた二〇一七年夏、岩波書店新書編集部の杉田守康さんから、戦後フランス史の概説を書かないかという申し出を頂いた。最初は知的「土地カン」のなさゆえにためらったが、せっかくだから自分が勉強する機会にしようと思い立ち、非力を承知で引受けることになった。この「暴挙」の成果が本書である。

非力ゆえ、また短期集中型で執筆したがゆえに、数々の間違いがあると思うが、もしも発見なさった場合はご教示いただけると、とても嬉しい(odanaka@tohoku.ac.jp)。また、本書で書きたりなかったことや、間違いを訂正した箇所を記すべく、サポートページを開設した(http://www.econ.tohoku.ac.jp/~odanaka/support/2018france.html)。必要に応じてご笑覧いただきたい。

あらためて本書を読みかえしてみると、欧州統合と移民問題がフランス社会に与えたインパクトが重視されていることが(自分で書いておいてなんだが)わかる。これは、おそらく、フランス現代史研究者としてのぼくが数年来研究フィールドとしてきた南仏諸都市(モンペリエ、ニーム)の団地が、歴史的に、両事象の大きな影響を受けてきたからかもしれない。そうだとすると、本書はかなりバイアスのかかった通史を提示していることになる。他の類書と読みくらべ、異同を確定してみると、さまざまな歴史像があることを感じとっていただく機会ともなるのではないか、と思う。

なお、本書を書くにあたっては、先学の業績から多くを学んだ。それらすべてを挙げることはできないが、とくに以下の各書は本書の土台をなしている。

長部重康『現代フランスの病理解剖』(山川出版社、二〇〇六)
長部重康編『現代フランス経済論』(有斐閣・有斐閣選書、一九八三)
田中素香他『EMS』(有斐閣、一九九六)
田中素香他『現代ヨーロッパ経済　第五版』(有斐閣・有斐閣アルマ、二〇一八、初版二〇〇一)
遅塚忠躬『ロベスピエールとドリヴィエ』(東京大学出版会、一九八六)
中木康夫『フランス政治史』(全三巻、未来社、一九七五―七六)

中木康夫編『現代フランスの国家と政治』（有斐閣・有斐閣選書、一九八七）
畑山敏夫『現代フランスの新しい右翼』（法律文化社、二〇〇七）
畑山敏夫『フランス緑の党とニュー・ポリティクス』（吉田書店、二〇一二）

松尾匡さんの諸業績

宮島喬他『先進社会のジレンマ』（有斐閣・有斐閣選書、一九八五）
渡辺和行他『現代フランス政治史』（ナカニシヤ出版、一九九七）
渡邊啓貴『ミッテラン時代のフランス　増補版』（葦書房、一九九三、初版一九九一）
渡邊啓貴『フランス現代史』（中央公論社・中公新書、一九九八）
渡邊啓貴『現代フランス』（岩波書店・岩波現代全書、二〇一五）
パクストン、ロバート『ヴィシー時代のフランス』（剣持久木他訳、柏書房、二〇〇四［Paxton, R., *Vichy France*, New York: Alfred A. Knopf, 1972］）
ブルデュー、ピエール＆パスロン、ジャンクロード『遺産相続者たち』（戸田清他訳、藤原書店、一九九七［Bourdieu, P., and Passeron, J. -C., *Les héritiers*, Paris: Les Editions de Minuit, 1964］）
Becker, J. -J., and Ory, P., *Crises et alternances* (new edition, Paris: Le Seuil, 2002, original edition, 1998)
Berstein, S., *La France de l'expansion*, Vol. 1 (Paris: Le Seuil, 1989)

Berstein, S., and Rioux, J. -P., *La France de l'expansion*, Vol. 2 (Paris: Le Seuil, 1995)
Péan, P., *Une jeunesse française* (Paris: Fayard, 1994)
Rioux, J. -P., *La France de la Quatrième République* (2 vols., Paris: Le Seuil, 1980/83)

最後に、勉強(?)の機会を与えてくださった杉田さんはじめ、さまざまなところで日々の暮らしを支えてくれている友人、同僚、家族に、心から謝意を表したい。とくに、いつも眠い父親が発するダジャレに辛抱強く(というか、もはや諦めの境地といった雰囲気で)つきあってくれる娘・美有に、サンクス。

それでは、またしごとに戻ることにしようか。

二〇一八年秋　杜の都にて

小田中直樹

本書の一部はＪＳＰＳ科研費（１５Ｋ０２９２５）の助成を受けた研究にもとづいている。

索　引

あ　行

か　行

さ　行

た 行

な　行

は　行

ま　行

や　行

ら　行

年　表

年	月	事　　項
1944	3	CNR(全国抵抗評議会)綱領制定
	6	フランス国民解放委員会，フランス共和国臨時政府に改称(首席ドゴール)
	8	パリ解放
	10	国民投票，国民議会選挙
1945	2	企業委員会設置政令
	5	ドイツ降伏
	10	社会保障制度(セキュ)導入
1946	1	近代化委員会設置／ドゴール，臨時政府首席辞任／三党政治(共産党，社会党，人民共和運動)
	5	憲法制定国民投票，否決
	10	憲法制定国民投票，可決(第四共和政成立)
1947	4	ルノー公団でストライキ／ドゴール，フランス人民連合結成
	5	三党政治崩壊／第三勢力(社会党，人民共和運動，急進党を中心とする共和左派連合，独立派・穏健諸派)内閣
1948	4	マーシャル・プラン開始
1950	5	シューマン・プラン
1951	2	独立派・穏健諸派，独立派・農民派全国センターに結集
	4	パリ条約(欧州石炭鉄鋼共同体の設立)
	8	第三勢力内閣崩壊(社会党の政権離脱)／第四勢力(人民共和運動，共和左派連合，独立派・農民派全国センター)内閣
1953	7	プジャード運動開始
1954	3	イルシュ・プラン

	6	マンデスフランス内閣成立
	7	ジュネーヴ和平会談(インドシナ戦争終結，ラオスとカンボジアの独立承認)／チュニジアに内政自治権付与
	8	マンデスフランス内閣に経済秩序特別権限付与
	10	国民解放戦線(アルジェリア)結成
	11	アルジェリア戦争開始
1955	9	フランス人民連合解散
1956	3	モロッコとチュニジアの独立承認
1957	3	ローマ条約(欧州経済共同体とユーラトムの設立を決定)
1958	5	アルジェリアで独立反対派の暴動・反乱
	6	ドゴール，首相就任
	9	アルジェリア共和国臨時政府設立／憲法制定国民投票，可決(第五共和政成立)
	10	ギニア独立／新共和国連合結成
	12	フランと外貨の交換自由化／失業保険制度化
1959	1	ドゴール，大統領就任
1960	2	サハラ砂漠で初めての核実験
	6-11	フランス連合成員国の独立
1961	1	アルジェリアに対する内政自治権付与をめぐる国民投票，可決
1962	3	エヴィアン協定
	4	エヴィアン協定の是非をめぐる国民投票，可決／ポンピドー，首相就任
	7	アルジェリアでエヴィアン協定の規定内でフランスと協力する独立国家となるか否かを問う国民投票，可決／欧州経済共同体，共通農業政策の開始
	10	大統領直接選挙制導入をめぐる国民投票，可決
	12	ジスカールデスタン，独立共和派結成

1963	1	西ドイツと友好条約締結
1964	1	中華人民共和国承認
	7	公的扶助業務を市町村から県に移管
1965	4	ブリュッセル条約(欧州三共同体の予算一本化)
1966	2	人民共和運動，民主中道派に改組
	6	大学改革政令(フーシェ改革)
1967	11	新共和国連合，第五共和政民主連合に改称
1968	3	学生反乱開始
	5	ゼネスト(五月危機)／グルネル協定
	11	高等教育法
	12	企業内団結権行使関連法
1969	4	地域圏設置・上院改革をめぐる国民投票，否決／ドゴール，大統領辞任
	6	大統領選挙，ポンピドー当選
	9	シャバンデルマス首相，「新社会建設プログラム」提示
1971	6	共和制度会議が社会党に合流，ミッテランが社会党第一書記に就任
	8	ニクソン・ショック
1972	4	デンマーク・アイルランド・ノルウェー・イギリスの欧州共同体加盟の是非をめぐる国民投票，可決
	6	社会党と共産党，「共同政府綱領」発表
	7	地域圏設置法
	10	急進党，急進党と急進社会左派運動に分裂／国民戦線結成
1973	3	ギシャール省令(団地建設促進政策の終了)
	10	第四次中東戦争／第一次石油危機
	12	急進社会左派運動，左派急進運動に改称
1974	4	ポンピドー大統領死去
	5	大統領選挙，ジスカールデスタン当選／シラク，

		首相就任
	7	欧州共同体外部からの経済移民の受入れ停止
	11	人工妊娠中絶容認法案提出(翌年1月可決)
1975	7	教育関連法(アビー法，公立中学校の一本化)
1976	7	シラク，首相辞任／バール，首相就任
	9	バール・プラン
	10	移民の家族呼寄せ容認政令
	12	第五共和政民主連合，共和国連合に改称
1977	5	独立共和派，共和党(Parti Républicain)に改称
1978	2	共和党(Parti Républicain)，急進党，独立派・農民派全国センター，民主中道派，フランス民主連合を結成
1979	1	第二次石油危機
	3	欧州通貨制度導入
1981	4–5	大統領選挙，ミッテラン当選／モーロワ，首相就任
	7	「暑い夏」
1982	2	企業国有化法
	5	地方分権化法(ドフェール法)
	6	物価凍結，賃金凍結，公共支出削減
	8–12	労働法制改革
1983	3	緊縮政策への転換
	10–12	ブールの行進
1984	1	緑の党結成
	7	ファビウス，首相就任／共産党，政権離脱
	10	「SOS 人種差別主義」結成
1985	6	シェンゲン協定
1986	2	単一欧州議定書調印(翌年7月発効)
	3	国民議会選挙，野党勝利／シラク，首相就任(コアビタシオン)
1988	4–5	大統領選挙，ミッテラン再選／ロカール，首相就

		任
	12	参入最低所得(失業手当)制度導入
1989	10	スカーフ事件
	11	ベルリンの壁崩壊
1990	10	居住権協会結成／ドイツ再統一
1991	5	クレッソン，首相就任
1992	1	アルジェリアで軍事クーデタ，内戦開始
	2	マーストリヒト条約調印(翌年11月発効)
	9	マーストリヒト条約の批准をめぐる国民投票，可決
1993	1	単一市場の成立(モノ・カネ・サービスの移動自由化)
	3	国民議会選挙，野党勝利／バラデュール，首相就任(コアビタシオン)
	5	市民運動結成
	6	コペンハーゲン基準
1994	11	フランス運動結成
1995	4–5	大統領選挙，シラク当選／ジュッペ，首相就任
	11	ジュッペ・プラン／「1995年の冬」
1997	5	シラク，国民議会解散／国民議会選挙，野党勝利／ジョスパン，首相就任(コアビタシオン)
	6	共和党(Parti Républicain)，自由民主党に改称
	10	アムステルダム条約調印(99年5月発効)
1998	6	労働時間短縮法(オーブリ法)
	9	自由民主党，フランス民主連合から脱退
1999	1	非現金分野に単一通貨ユーロ導入
	10	市民連帯協約(PACS)法
2000	1	労働時間短縮法(続オーブリ法)
	6	パリテ法
2001	2	ニース条約調印(03年2月発効)
	9	アメリカ合衆国で同時多発テロ

2002	1	現金分野にユーロ導入
	4–5	大統領選挙，シラクが再選／ラファラン，首相就任
	4	共和国連合が，自由民主党，急進党，独立派・農民派全国センターを吸収，大統領多数派連合に改称(同年11月には民衆運動連合に再改称)
2003	3	イラク戦争
	7	年金改革法
2004	10	欧州憲法制定条約調印
2005	5	ドヴィルパン，首相就任／欧州憲法制定条約批准の可否をめぐる国民投票，否決
2006	3	機会均等化法(初期雇用契約含む)成立／シラク，同法凍結を表明
2007	4–5	大統領選挙，サルコジ当選／フィヨン，首相就任
	5	フランス民主連合，民主運動(モデム)に改称
	7	労働・雇用・購買力促進法
	8	鉄道部門に最小限サービス導入／大学の責任と自由に関する法(ペクレス法)
	11	移民管理法
	12	リスボン条約調印(09年12月発効)
2008	7	地中海連合発足／年金制度改革／教育部門に最小限サービス導入
2009	2	左翼党結成
2010	10	年金支払い開始時期延長法／公共空間におけるブルカ着用禁止
	11	緑の党，欧州エコロジー緑の党に改称
2012	4–5	大統領選挙，オランド当選
2014	3	ヴァルス，首相就任
	5	欧州議会選挙，国民戦線が第一党に
2015	1	『シャルリ・エブド』などへの同時テロ
	5	民衆運動連合，共和党(Les Républicains)に改称

2016	2	左翼党，不屈フランスに改称
2017	4-5	大統領選挙，マクロン当選／フィリップ，首相就任
	9	労使関係合理化政令
2018	2	国営企業改革開始
	6	国民戦線，国民連合に改称

小田中直樹

1963年生まれ．1986年，東京大学経済学部卒業．
1991年，東京大学大学院経済学研究科第二種博士課程単位取得退学．1995年，博士(経済学，東京大学)．
現在―東北大学大学院経済学研究科教授
専攻―フランス社会経済史，歴史関連諸科学
著書―『フランス近代社会 1814〜1852――秩序と統治』(木鐸社)
『歴史学ってなんだ？』(PHP新書)
『フランス7つの謎』(文春新書)
『日本の個人主義』(ちくま新書)
『19世紀フランス社会政治史』(山川出版社)
ほか

フランス現代史　　岩波新書(新赤版)1751

2018年12月20日　第1刷発行

著　者　小田中直樹(おだなかなおき)

発行者　岡本　厚

発行所　株式会社 岩波書店
〒101-8002 東京都千代田区一ツ橋2-5-5
案内 03-5210-4000　営業部 03-5210-4111
http://www.iwanami.co.jp/

新書編集部 03-5210-4054
http://www.iwanamishinsho.com/

印刷・三陽社　カバー・半七印刷　製本・中永製本

© Naoki Odanaka 2018
ISBN 978-4-00-431751-7　　Printed in Japan

岩波新書新赤版一〇〇〇点に際して

ひとつの時代が終わったと言われて久しい。だが、その先にいかなる時代を展望するのか、私たちはその輪郭すら描きえていない。二〇世紀から持ち越した課題の多くは、未だ解決の緒を見つけることのできないままであり、二一世紀が新たに招きよせた問題も少なくない。グローバル資本主義の浸透、憎悪の連鎖、暴力の応酬——世界は混沌として深い不安の只中にある。

現代社会においては変化が常態となり、速さと新しさに絶対的な価値が与えられた。消費社会の深化と情報技術の革命は、種々の境界を無くし、人々の生活やコミュニケーションの様式を根底から変容させてきた。ライフスタイルは多様化し、一面では個人の生き方をそれぞれが選びとる時代が始まっている。同時に、新たな格差が生まれ、様々な次元での亀裂や分断が深まっている。社会や歴史に対する意識が揺らぎ、普遍的な理念に対する根本的な懐疑や、現実を変えることへの無力感がひそかに根を張りつつある。そして生きることに誰もが困難を覚える時代が到来している。

しかし、日常生活のそれぞれの場で、自由と民主主義を獲得し実践することを通じて、私たち自身がそうした閉塞を乗り超え、希望の時代の幕開けを告げてゆくことは不可能ではあるまい。そのために、いま求められていること——それは、個と個の間で開かれた対話を積み重ねながら、人間らしく生きることの条件について一人ひとりが粘り強く思考することではないか。その営みの糧となるものが、教養に外ならないと私たちは考える。歴史とは何か、よく生きるとはいかなることか、世界そして人間はどこへ向かうべきなのか——こうした根源的な問いとの格闘が、文化と知の厚みを作り出し、個人と社会を支える基盤としての教養となった。まさにそのような教養への道案内こそ、岩波新書が創刊以来、追求してきたことである。

岩波新書は、日中戦争下の一九三八年一一月に赤版として創刊された。創刊の辞は、道義の精神に則らない日本の行動を憂慮し、批判的精神と良心的行動の欠如を戒めつつ、現代人の現代的教養を刊行の目的とする、と謳っている。以後、青版、黄版、新赤版と装いを改めながら、合計二五〇〇点余りを世に問うてきた。そして、いままた新赤版が一〇〇〇点を迎えたのを機に、人間の理性と良心への信頼を再確認し、それに裏打ちされた文化を培っていく決意を込めて、新しい装丁のもとに再出発したいと思う。一冊一冊から吹き出す新風が一人でも多くの読者の許に届くこと、そして希望ある時代への想像力を豊かにかき立てることを切に願う。

（二〇〇六年四月）

世界史

- 移民国家アメリカの歴史　貴堂嘉之
- フィレンツェ　池上俊一
- マーティン・ルーサー・キング　黒﨑真
- ナポレオン　杉本淑彦
- ガンディー 平和を紡ぐ人　竹中千春
- イギリス現代史　長谷川貴彦
- ロシア革命 破局の8か月　池田嘉郎
- 天下と天朝の中国史　檀上寛
- 孫文　深町英夫
- 古代東アジアの女帝　入江曜子
- 新・韓国現代史　文京洙
- ガリレオ裁判　田中一郎
- 人間・始皇帝　鶴間和幸
- 袁世凱　岡本隆司
- 二〇世紀の歴史　木畑洋一
- イギリス史10講　近藤和彦
- 植民地朝鮮と日本　趙景達
- シルクロードの古代都市　加藤九祚
- 中華人民共和国史〔新版〕　天児慧
- 新・ローマ帝国衰亡史　南川高志
- 近代朝鮮と日本　趙景達
- マヤ文明　青木和夫
- 四字熟語の中国史　冨谷至
- 李鴻章　岡本隆司
- 新しい世界史へ　羽田正
- パル判事　中里成章
- グランドツアー 18世紀イタリアへの旅　岡田温司
- マルコムX　荒このみ
- パリ 都市統治の近代　喜安朗
- ノモンハン戦争 モンゴルと満洲国　田中克彦
- 中国という世界　竹内実
- ウィーン 都市の近代　田口晃
- 紫禁城　入江曜子
- ジャガイモのきた道　山本紀夫
- 北京　春名徹
- 創氏改名　水野直樹
- フランス史10講　柴田三千雄
- 地中海　樺山紘一
- 多神教と一神教　本村凌二
- 奇人と異才の中国史　井波律子
- ドイツ史10講　坂井榮八郎
- ナチ・ドイツと言語　宮田光雄
- 離散するユダヤ人　小岸昭
- アメリカ黒人の歴史〔新版〕　本田創造
- ゲルニカ物語　荒井信一
- 上海一九三〇年　尾崎秀樹
- ゴマの来た道　小林貞作
- 文化大革命と現代中国　安藤正士・太田勝洪・辻康吾
- ピープス氏の秘められた日記　臼田昭
- 中世ローマ帝国　渡辺金一
- 書物を焼くの記　鄭振鐸　安藤彦太郎・斎藤秋男 訳

岩波新書/最新刊から

1743 **大化改新を考える** 吉村武彦著
例えば『日本書紀』の「雨乞い」記事から、何が読みとれるか。徹底した史料解読を通じて日本史上最も有名な大改革の実態に迫る。

1744 **移民国家アメリカの歴史** 貴堂嘉之著
近代世界のグローバルな人流や、日本・中国などアジア系移民の歴史経験に着目して、「移民の国」のなりたちと理念をとらえる。

1745 **アナキズム** ―一丸となってバラバラに生きろ 栗原康著
人生は爆弾だ。正しさをぶちこわせ! 歌い、叫び、笑う、アナキストの精神。主義を超えた真実への問いがアナーキーな文体で炸裂。

1746 **日本の同時代小説** 斎藤美奈子著
激動の半世紀、「大文字の文学の終焉」が言われる中にも、小説は書き続けられてきた! ついに出た、みんなの同時代文学史。

1747 **幸福の増税論** ―財政はだれのために― 井手英策著
「公・共・私のベストミックス」の理念のもと、すべての人に「ベーシック・サービス」を。財政・社会改革の未来構想を語り尽す。

1748 **給食の歴史** 藤原辰史著
明暗二つの顔を持つ給食。貧困、災害、運動、教育、世界という五つの視角によって、知られざる歴史に迫り、今後の可能性を探る。

1749 **認知症フレンドリー社会** 徳田雄人著
医療的な対応だけでなく社会そのものを変えてみよう。図書館や新たな就労の場等を当事者と共に創っている、先進的な国内外の実践。

1750 **百姓一揆** 若尾政希著
「反体制運動ではなかった」、「竹槍や蓆旗(むしろばた)は使われなかった」――大きく転換した百姓一揆の歴史像から、近世という時代を考える。

(2018.12)